Nikolaus B. Enkelmann

# Mit Freude leben

Institut ENKELMANN
Königstein / Taunus

Nikolaus B.
Enkelmann

# Mit Freude leben

Der Weg zu Glück und Erfolg
Arbeitsbuch zur Persönlichkeitsbildung

mvg

Die Deutsche Bibliothek – CIP-Einheitsaufnahme

**Enkelmann, Nikolaus B.:**
Mit Freude leben : Der Weg zu Glück u. Erfolg; Arbeitsbuch zur Persönlichkeitsbildung / Nikolaus B. Enkelmann. – 8. Aufl. – Landsberg a. L.: mvg-verl., 1999
ISBN 3-478-07212-3

8. Auflage 1999


Umschlaggestaltung: Gruber & König, Augsburg
Satz: Fotosatz H. Buck, Kumhausen
Druck: Druckerei Himmer GmbH, Augsburg
Bindearbeiten: Thomas Buchbinderei, Augsburg
Printed in Germany 070 212/5991502
ISBN 3-478-07212-3

# Inhalt

# Vorwort

Liebe Leser!

Dieses Buch enthält die wichtigsten psychologischen Erkenntnisse aus über 30 Jahren Seminarerfahrung.

Es ist ein Konzentrat von erprobten Tips und Ratschlägen, ohne Füllmaterial. Darum lesen Sie bitte dieses Buch nicht wie einen Roman, sondern studieren Sie jedes Kapitel mit der größten Aufmerksamkeit.

Versuchen Sie die psychologischen Erkenntnisse in Ihrem Leben zu praktizieren.

Damit sich der Inhalt leicht in Ihr Unterbewußtsein einprägt, nehmen Sie beim Lesen zwei Filzstifte zur Hand. Einen grünen und einen roten. *Grün* unterstreichen Sie alles, was Ihre bisherigen Erkenntnisse bestätigt (das steigert Ihr Selbstbewußtsein). *Rot* unterstreichen Sie die Erkenntnisse, die neu für Sie sind, über die Sie jetzt zum ersten Mal nachdenken (das steigert die Lernfähigkeit und aktiviert Ihr Gedächtnis).

Drei Vorteile haben Sie also bei einem Lesevorgang:

1. Sie aktivieren Ihr bereits vorhandenes Wissen.
2. Ihr Gehirn speichert und festigt leicht neue Erkenntnisse.
3. Sie finden wichtige Informationen sofort wieder.

*Nikolaus B. Enkelmann*

# Freude ist das Grundgesetz des Lebens.

Ein erfülltes Leben sollte voll Freude sein, man sollte sich wohl fühlen in seiner Haut.

Man sollte in einer Stimmung leben, als könnte man die ganze Welt umarmen, und man sollte sich so stark fühlen, als könnte man Bäume ausreißen.

Leider leben die meisten Menschen nicht in dieser Stimmung. Oft schon im Kindesalter wurde uns die Freude genommen, vielleicht klingt es Ihnen auch noch in den Ohren:
*»Vögel, die früh singen, holt am Abend die Katze.«*

Diese und andere negative Suggestionen sollten wir aus unserem Bewußtsein entlassen, soweit es möglich ist, sollten wir uns von seelischem Ballast dieser Art befreien.

Die ideale Lebenseinstellung wäre Freude, Optimismus, eine positive Erwartung.

Entsprechend der Einstellung eines Menschen ist auch sein Verhalten. Entweder freudig und temperamentvoll, voller Begeisterung oder aber abwartend, zögernd, kritisch, pessimistisch.

Der Optimist erkennt die Lebenschancen und nutzt sie.

Der Pessimist sieht die Gefahren und kommt darin um.

Unser Leben ist ein Weg von der Vergangenheit in die Zukunft. Wir alle sind Wanderer auf diesem Wege. Ich möchte, daß es für Sie ein erfolgreicher Weg wird.

Hoffentlich sind Sie Anhänger einer positiven Lebensphilosophie, denn wir leben in einer Welt voller Wunder.

Es ist richtig, wir leben auch in einer Welt voller Gefahren, aber viel wichtiger ist für uns die Überzeugung: Wir leben in einer Welt wachsender Chancen.

Noch niemals zuvor in der Geschichte hatte der einzelne so viele Chancen wie heute, wir sollten sie mit Freuden nutzen.

Was benötigen wir auf diesem Weg in die Zukunft?

Optimismus und einen Ordner voller Pläne.

Pläne für die Zukunft und im Herzen einen starken Glauben an uns selbst.

Aber Achtung: jetzt bitte Vorsicht!

Oft wollen Optimisten die ganze Welt verändern, alles und alles auch sofort und auf einmal.

Wenn Sie diesen Weg einschlagen, alles sofort ändern zu wollen, werden Sie viele Beulen am Kopf bekommen und sich zudem viele Feinde schaffen.

*Wie sollte nun der Alltag eines positiven Menschen aussehen?*

Sicher haben auch Sie Probleme, aber diese Tatsache an sich ist nicht negativ, sie zeigt nur, daß Sie ein Mensch sind.

Es gibt keinen Menschen hier auf dieser Erde, der keine Probleme hat.

Probleme zu haben ist also kein Zeichen von Minderwertigkeit; Probleme zu haben bedeutet, ein Mensch zu sein.

Es gibt Menschen, die ihre Probleme nicht kennen oder sie gar verdrängen, das ist eine wirklich negative Einstellung.

Persönlich wichtig ist die Erkenntnis:

*Habe ich ein Problem oder bin ich das Problem?*

Durch dieses Buch sollten Sie die Angst vor Problemen verlieren, und Sie sollten mit jedem Kapitel mehr die Kunst erlernen, Ihre Probleme zu lösen, um mit Freude zu leben.

Die wichtigste Voraussetzung zunächst einmal ist eine ruhige, heitere Gelassenheit, denn *»keine Suppe wird so heiß gegessen, wie sie gekocht wird«*.

Probleme entstehen zwangsläufig, wie auch Krankheiten. Sie entstehen nicht von heute auf morgen. Hektische Reaktionen bringen keine Lösung. Was sich in Jahren aufgebaut hat, läßt sich nicht in wenigen Tagen abbauen.

**Im Mittelalter gab es Alchimisten.**

Diese Alchimisten haben versucht, unedle Metalle in Gold zu verwandeln.

Es ist mein Wunsch, daß dieses Buch Ihnen hilft, sich in einen psychologischen Alchimisten zu verwandeln, der die Fähigkeit entwickelt, Unglück in Glück zu verwandeln.

Eine wirklich wunderbare magische Fähigkeit für unseren Alltag. Ich möchte, daß man Ihnen nachsagt:

*»Er hat eine glückliche Hand. Alles, was er anfaßt, wird zu Gold.«*

Als Alchimisten wissen wir, zunächst müssen wir unsere Kernprobleme erkennen. Vielleicht haben Sie schon den Mut und schreiben Ihre Probleme auf (aber nicht für andere, nur für sich).

Sie werden es sofort bemerken, die Lösungsphase beginnt in dem Augenblick, in dem Sie ebenfalls schriftlich Ihre Probleme in das positive Gegenteil, in den gewünschten Idealzustand, verwandeln.

Unsere Autosuggestion lautet:

*»Nicht mit dem Kopf durch die Wand,*
*denn es gibt immer eine Tür.«*

Bevor wir beginnen, müssen wir genau wissen, was wir wirklich wollen. Wir müssen unsere Tür suchen, unser genaues Ziel erkennen und es in unserem Planungskalender schriftlich festhalten.

Ganz fest sollten Sie sich einprägen:

**»Der positive Mensch spricht nicht von seinen Problemen, von seinen Schwierigkeiten, von seinen Befürchtungen, sondern nur von seinen Zielen, von seinen Hoffnungen, von seinen Träumen, von seinen Wünschen und von seinem positiven Weg.«**

Durch das Beachten unserer Ziele kräftigen wir unseren Willen und aktivieren unser Unterbewußtsein.

Der positive Mensch ist nie gegen etwas, er ist stets für etwas. Er bejaht.

Eine besonders wirkungsvolle Übung wäre für Sie, sich die 14 »Grundgesetze der Lebensentfaltung« einzuprägen, damit Ihr Unterbewußtsein schon jetzt zu Ihrem persönlichen Vorteil anfängt, mit Ihnen zu arbeiten.

Nehmen wir zunächst zwei Denkgesetze heraus:

Zum Beispiel lautet das elfte Denkgesetz:

*»Beachtung bringt Verstärkung, Nichtbeachtung bringt Befreiung.«*

Das zwölfte Denkgesetz:

*»Zustimmung aktiviert Kräfte, Ablehnung vernichtet Lebenskraft.«*

# Grundgesetz der Lebensentfaltung

## Die Denkgesetze

1. Nur der Mensch hat die Kraft, bewußt zu denken, zu planen und zu gestalten. Nur er kann sich selbst und damit sein Schicksal und seine Zukunft gezielt beeinflussen.

2. Am Anfang jeder Tat steht die Idee.
   Nur was gedacht wurde, existiert.

3. Gedanken entwickeln sich im Unterbewußtsein.
   Aus dem Menschen selbst oder durch äußere Einflüsse.

4. Das Unterbewußtsein – die Baustelle des Lebens – und der Arbeitsraum der Seele, hat die Tendenz, jeden Gedanken zu realisieren.

5. Aus dem kleinsten Gedankenfunken kann ein leuchtendes Feuer werden.

6. Was wachsen soll, braucht Nahrung.
   Die Nahrung der Gedanken ist die Konzentration.

7. Bewußte oder unbewußte Konzentration ist Verdichtung von Lebensenergie.

8. Im Streit zwischen Gefühl und Intellekt siegt immer das Gefühl.

9. Gefühle lenken und verstärken die Konzentration unbewußt, aber nachdrücklich.

**10.** **Durch eine gezielte Entscheidung kann die Aufmerksamkeit auf jeden ausgewählten Punkt gelenkt werden.**

**11.** **Beachtung bringt Verstärkung. Nichtbeachtung bringt Befreiung.**

**12.** **Zustimmung aktiviert Kräfte – Ablehnung vernichtet Lebenskraft.**

**13.** **Die ständige Wiederholung einer Idee wird erst zum Glauben – dann zur Überzeugung. (Auch in negativer Hinsicht)**

**14.** **Glaube führt zur Tat. Konzentration führt zum Erfolg. Wiederholung führt zur Meisterschaft.**

Wir wollen lernen, mit uns selbst immer positiver umzugehen, damit es uns gelingt, auch mit anderen ein immer besseres Verhältnis herzustellen.

Ich kenne einen Satz mit magischer Wirkung. Experimentieren Sie mit ihm, probieren Sie ihn so schnell wie möglich aus, damit es in Zukunft zu einer positiven Gewohnheit wird. Immer häufiger im Verlauf eines Tages beginnen Sie einen Satz mit den Worten:

*»Es gefällt mir.«*

Die positive Reaktion kann und wird sich auswirken.

In den Augen Ihrer Mitmenschen geht die Sonne auf, ihre Gesichter beginnen zu strahlen und zu leuchten, und Sie selbst entwickeln sich von Tag zu Tag stärker zu einer dankbaren Persönlichkeit.

Es reicht nicht aus viel über Erfolgssystematik zu wissen, wichtiger ist das Umsetzen, das Handeln und Praktizieren.

Der wirklich erfolgreiche Mensch zeichnet sich in seinem Leben durch Wissen und Können aus. Er beherrscht die Kunst der Wandlung, die Kunst, Negatives in Positives, Probleme in Glück zu verwandeln.

Um dieses große persönliche Ziel zu erreichen, benötigen wir zum Wissen das Training. Denn solange Sie von sich und von Ihren Fähigkeiten überzeugt sind, stehen Ihnen auch die Kräfte zur Verfügung, um tatsächlich alles zu verwandeln.

All unsere Übungen dienen also dem Ziel, diese Überzeugung, diesen Glauben, aufzubauen, zu erhalten und zu stärken.

Darum beginnt der Morgen des positiven Menschen mit unserem aktiven Atemtraining.* Das steigert die Sauerstoffversorgung des Körpers, das regt den Kreislauf an und stärkt Körper und Seele.

Im Verlauf des Tages legen Sie bitte immer wieder eine kurze Konzentrationspause von einigen Minuten ein. Sie schalten sich aus der Hektik aus und besinnen sich auf das Wesentliche, stimmen sich neu ein.

Nach der Arbeit oder spätestens beim Einschlafen beeinflussen Sie Ihr Unterbewußtsein mit hochwirksamen positiven Suggestionscassetten.

Bereits am Vorabend beginnt durch die sorgfältige Vorbereitung der neue Tag.

*Was will ich?*
*Was muß ich morgen erledigen?*

* Dieses finden Sie in dem Toncassetten-Programm *»Ein positiver Tag beginnt«*, ebenfalls bei mvg erschienen.

Diese Vorbereitung erledigen wir stets schriftlich in unserem Planungskalender. Dann kreuzen wir – nachdem wir Prioritäten gesetzt haben – zwei, höchstens drei Aufgaben als »A-Aufgaben« an. Diese Aufgaben sind die wirklich wichtigen für den Tag und müssen unbedingt erledigt werden.

Über Nacht beginnen dann die Heinzelmännchen (unser Unterbewußtsein) in uns mit ihrer Vorarbeit. Gerade die Überlegung *»was will ich, was muß ich morgen erledigen?«* zwingt uns, das Wichtige vom Unwichtigen zu unterscheiden.

Diese Übung klärt unseren Blick für das Wesentliche, gibt unserem Leben Richtung. Wir finden jeden Tag aufs neue den richtigen Kurs.

Mein übergeordnetes Ziel in allen Büchern und auf allen Cassetten ist das *bewußte* Leben.

Wir sollten nicht zu den Menschen gehören, die durch ihr hektisches Leben die Zeit nur totschlagen und doch nichts erreichen. Wir wollen dieses Leben *bewußt* er-leben. Darum ist es nötig, genau zu wissen, was wir den ganzen Tag über tun.

Wir müssen genau erkennen, was wir wollen und warum wir es wollen, nur so wird jeder Tag und jede Stunde zu einer sinnvollen Stunde.

Nicht nur unser Alltag, sondern auch unser Leben bekommt einen Sinn.

Werden Sie durch dieses Buch selbstbewußter, aber bitte nicht arroganter!

Selbstbewußt sind wir, wenn wir um Verzeihung bitten können, wenn wir uns, wenn es nötig ist, ohne Prestigeverlust entschuldigen können. Wirklich selbstbewußt sind wir, wenn wir als erster auf einen anderen zugehen können.

Der Eindruck der Arroganz entsteht immer, wenn ein Mensch zu schnell den gewünschten Erfolg erzwingen will.

Zwang stößt immer ab. Eine unserer wichtigsten Maximen lautet:

*Langfristig planen und sich »weich« durchsetzen.*

Schon in den ersten Kapiteln dieses Buches werden Sie lernen, daß der erfolgreiche Weg eine Psychologie des Glücks ist. Sie werden verstehen: um selbst Glück zu empfangen, ist Dankbarkeit die Voraussetzung. Sie werden immer deutlicher erkennen: *Das Glück meidet den Undankbaren.*

Der Undankbare sucht den Weg zum Erfolg durch seine Ellenbogen, wir nicht.

Darum seien Sie nicht nur ein dankbarer Mensch, sondern verleihen Sie Ihrer Dankbarkeit hörbaren und spürbaren Ausdruck. Denn die Mitmenschen haben die Macht, Sie zu behindern, sie haben aber auch die Möglichkeit, Ihnen den Weg zu bahnen und Ihnen Türen zu öffnen.

Sie sollten nicht von einem Wochenende zum anderen leben, Sie sollten jeden Tag voller Freude genießen.

Freude, das spüren Sie, wirkt nach innen und nach außen. Sie werden es mit jedem Tag mehr erleben: Gesundheit kommt aus der Seele, was kränkt, macht krank.

70 % aller Krankheiten sind seelisch bedingt.

Vielleicht darf ich es so deutlich sagen, wie Sie es vorher noch nie gehört haben:

*Krankheiten sind das Ergebnis unerfüllter Wünsche.*

Allein über diesen Gedanken könnte man ein ganzes, neues Buch schreiben. Denken Sie immer wieder über diese Erkenntnis nach.

Sie sollten mit Hilfe dieses Buch nicht nur über den Sinn der Selbstverwirklichung nachdenken, sondern ich werde Sie zu wirkungsvollen Übungen anregen, damit Sie die Chancen der Selbstverwirklichung nutzen.

Gott hat den Himmel und die Erde geschaffen. Wir sind Geschöpfe hier auf dieser Erde, darum ist es unsere Aufgabe, auch zum Vorteil unserer Mitmenschen mit Freude zu leben, damit unsere Seele heil bleibt.

Für unsere Seele ist die Liebe wichtig, die wir geben und die wir empfangen. Das beste Heilmittel ist die Liebe und die Freude.

Die höchste Vollkommenheit der Seele ist ihre Fähigkeit zur Freude. Bei Friedrich Nietzsche fand ich den wunderbaren Gedanken:

> *»Lernen wir uns freuen, so verlernen wir am besten, anderen weh zu tun.«*

Wenn man, lieber Leser, das Unglück herbeireden kann, dann kann man auch den Erfolg und das Glück herbeireden.

Wir alle benötigen Erfolgserlebnisse, Streicheleinheiten, wir alle wollen beachtet werden. Um aber beachtet zu werden, haben wir zwei Möglichkeiten:

*den positiven Erfolg oder*
*die Flucht in die Krankheit.*

Mit unseren Wünschen, mit unseren Zielen leben wir heute schon im Morgen. Darum sollten Sie nie Ihre fünf großen Ziele aus den Augen verlieren:

1. Ihre beruflichen Ziele
2. Ihre familiären Ziele
3. Ihre gesundheitlichen Ziele
4. Ihre kulturellen Ziele
5. Die Philosophie des erfolgreichen Weges mit zu verbreiten.

Sie werden lernen, mit Ihren Erfolgen anderen zu helfen, Menschen glücklich zu machen; daraus erwächst für Sie ein gutes Gewissen und gute Laune.

Ich fand einmal folgendes Zitat:

*»Fröhliche Menschen sind nicht nur bloß glücklich, sondern in der Regel auch gute Menschen.«*

Die Menschen werden den Göttern am ähnlichsten, wenn sie erfolgreich sind und andere Menschen glücklich machen.

**Gedanken sind Kräfte. Unsere Ziele, unsere Pläne sind konzentrierte Gedanken.**
**Fröhlich und optimistisch sollten Sie voller Zuversicht jeden Tag beginnen. So sind und bleiben Sie ein Meister der Lebenskunst.**

# Suggestion + Autosuggestion = Selbstbewußtsein

> *»Zwei Dinge erfüllen das Gemüt mit immer neuer und zunehmender Bewunderung und Ehrfurcht, je öfter und je anhaltender sich das Nachdenken mit ihnen beschäftigt. Der bestirnte Himmel über mir und das moralische Gesetz in mir.«*
>
> *Immanuel Kant*

Gibt es etwas Faszinierenderes, als den Lauf der Gestirne zu beobachten. Wie sie ihre Kreise ziehen auf einer genau vorgeschriebenen Bahn? Ziehen wir Menschen nicht ähnlich wie die Sterne unsere Kreise?

Wenn wir das Leben des Menschen aus der Distanz betrachten, scheint es tatsächlich so zu sein, wie es ein Dichterwort sagt: *»Nach dem Gesetz, nach dem Du angetreten bist, mußt Du weiterlaufen.«*

Es scheint richtig beobachtet zu sein, der Mensch wird zwar älter, aber er bleibt der alte.

Es ist wirklich ein Jammer, wenn man bedenkt, daß der Mensch nur 1/10 seiner Möglichkeiten nutzt. Es scheint so, als nutze der Mensch seine Kraft allein dazu, die Bahnen seiner Gewohnheit noch beständiger zu ziehen.

Wenn wir den nächtlichen Himmel betrachten, beobachten wir, daß sich von Zeit zu Zeit eine Sternschnuppe verirrt; aber das ändert nicht den Lauf der Gestirne.

Ganz gleich, an welchen Stern Sie denken, keiner kann seine Bahn verlassen. Es gibt für die Sterne keine Freiheit, nur ein Gesetz.

Für mich ist die erregendste Erkenntnis, daß nur der Mensch allein die Freiheit besitzt, den Lauf seiner Bahn zu verändern. Ich kenne keine Erkenntnis, die wichtiger und größer ist als die Möglichkeiten der Willensfreiheit. Darum werde ich nicht müde, Ihnen ständig zu empfehlen: lesen Sie Biographien, setzen Sie sich mit den Lebensläufen anderer Menschen auseinander, denn Menschenkenntnis führt immer auch zur Selbsterkenntnis.

Es gab immer Menschen, die sich veränderten, häufig durch starke äußere Anstöße, die sie wandelten.

Von außen kam der Stoß, der Anstoß, seine Schicksalsbahn zu verändern. Oft ist es ein großer Schock, eine Enttäuschung, ein Schicksalsschlag oder eine ungeheure Notsituation, die die Menschen zwang, ihre eingefahrenen Gleise zu verlassen. Das ist die seltene Ausnahme. Die Regel sieht ganz anders aus.

Wir haben uns ja so an uns gewöhnt, und wenn einigermaßen alles läuft, warum sollten wir nicht die Dinge so weiterlaufen lassen?

Seit wann hat sich in Ihrem Leben nichts mehr geändert?

Was haben Sie bewußt an sich verändert? Auf welchem Gebiete gab es Fortschritte? Bitte lesen Sie nicht schnell über diese Fragen hinweg. Versuchen Sie, sich bitte diese Fragen selbst ehrlich zu beantworten. Sicher kennen Sie das erste Grundgesetz der Lebensentfaltung auswendig:

> *»Nur der Mensch hat die Kraft, bewußt zu denken, zu planen und zu gestalten. Nur er kann sich selbst und damit sein Schicksal und seine Zukunft gezielt beeinflussen.«*

Wir leben mit vielen Millionen Menschen zusammen hier auf dieser Erde, und täglich werden es mehr. Daher ist die immer wieder gestellte Frage völlig berechtigt:

*»Hat das Leben des Menschen einen Sinn?*
*Wenn ja, kenne ich den Sinn meines Lebens, kenne ich meine Lebensaufgabe?«*

Alles ist Evolution, Weiterentwicklung, Höherentwicklung. Nicht die Zerstörung der Welt, sondern die Weiterentwicklung ist die Aufgabe des Menschen. So wie in unserem Körper jedes Organ seine spezielle Aufgabe zum Wohle des gesamten Organismus hat, so hat auch jeder Mensch die Aufgabe, an der Weiterentwicklung der Welt auf seine Art und Weise mitzuarbeiten. Denn noch ist unsere Welt kein Paradies, und daher läßt sich alles, auch das Gute, verbessern.

Sie haben es sicher selbst erlebt, indem wir uns verbessern, verbessern wir die Umwelt, in der wir leben.

*Nichts ändert sich, außer wir ändern uns.*

Um einen festen Standpunkt zu haben, sollten wir von zwei Grunderkenntnissen ausgehen:

1. Alles ist in der Schöpfung vorhanden.
2. Alles ist in Bewegung.

Ganz gleich, was der Mensch verändern will, die Voraussetzung dazu schafft erst sein Selbstbewußtsein.

Selbstbewußtsein – das heißt: sich seiner selbst bewußt sein.

Seine Möglichkeiten, seine Fähigkeiten, seine Chancen zu erkennen.

So wie im Samenkorn schon die Blüte enthalten ist, ist auch im Menschen, in uns, alles angelegt. Alles ist also möglich. Nur, da der Mensch und sein Leben begrenzt ist, kann er nicht alles wahrnehmen, nicht alles ausschöpfen. Hier nun setzt die geistige Selbständigkeit ein.

Da weder die Instinkte noch Autoritäten dem Menschen sagen, was er tun soll, muß er selbst herausfinden, was er will, um dann zu tun, was machbar ist.

Unser Leben hat nur dann einen Sinn, wenn wir unserem Leben einen Sinn geben.

Auch der Umkehrschluß ist richtig: geben wir unserem Leben keinen Sinn, so ist es sinnlos, wertlos. Es entsteht ein Minderwertigkeitskomplex.

Das ganze Leben ist ein Prozeß gegenseitiger Beeinflussung.

*»Der Mensch ist das Produkt seiner Umwelt.«*

Diese Erkenntnis ist aber nur die halbe Wahrheit. Es ist richtig, daß die Eltern das Kind beeinflussen, aber auch das Kind hat schon die Möglichkeit, die Eltern zu beeinflussen. Ein Mann beeinflußt seine Frau, aber auch die Frau hat die Möglichkeit, ihren Mann zu beeinflussen. Ein Chef beeinflußt seine Mitarbeiter, aber auch der Mitarbeiter hat die Möglichkeit, seinen Chef zu beeinflussen usw.

Das ganze Leben ist also ein Prozeß gegenseitiger Beeinflussung.

## Was aber ist eine Suggestion?

Suggestionen sind gezielte Beeinflussungen.

Suggestionen sind Zielvorstellungen. Suggestionen sind Informationen – also ist jede Information auch eine Suggestion.

Informationen – Gedanken also – lenken und leiten uns im positiven wie im negativen Sinne, steuern unseren Kurs. In unseren Seminaren erkläre ich:

> *»Im Grunde hat der Mensch nur zwei Probleme; nämlich mit sich und anderen richtig umzugehen.«*

Halten wir folgende Tatsachen fest:

1. Das ganze Leben ist ein Prozeß gegenseitiger Beeinflussung.

2. Jeder Mensch betreibt Suggestion und Autosuggestion.

3. Wir alle beeinflussen uns selbst und unsere Umwelt.

4. Durch unser Denken sind wir Gestalter unserer inneren Welt. Die Konsequenz daraus: der Mensch kann sich selbst und seine Umwelt beeinflussen und verändern.

Es gibt also zwei Möglichkeiten, die wir bewußt nutzen sollten: *Suggestion und Autosuggestion*

Die positive Autosuggestion ist die wirkungsvollste Möglichkeit, sich von negativen Erbanlagen oder negativen Umwelteinflüssen zu befreien. Durch die positive Autosuggestion erlangen wir die Macht über alles Negative in uns. Sie gibt uns die wunderbare Möglichkeit, uns zu befreien, uns zu erlösen. Ohne Angst und Furcht in die Zukunft zu gehen.

Leider sind die meisten Menschen unbewußt Meister in der Kunst der negativen Autosuggestion. Hier nun zu Ihrer Selbsterkenntnis einige Beispiele, die Sie aufgrund Ihrer Erfahrungen erweitern können.

Negative Autosuggestionen sind:
*»Man soll den Tag nicht vor dem Abend loben.«*
*»Vögel, die früh singen, holt am Abend die Katze.«*

Viele negativen Autosuggestionen beginnen mit dem Wort »Wenn«.
*»Wenn ich ein besseres Elternhaus gehabt hätte ...«*
*»Wenn ich eine bessere Schulbildung hätte ...«*
*»Wenn mein Partner besser wäre ...«*
*»Wenn doch die Zeiten nur besser wären ...«* usw.

Es ist der Glaube, der Berge versetzt.

Die negativen Autosuggestionen erzeugen die negativen Schicksalsberge, die wir dann aufgrund unseres eigenen Glaubens auch nicht überwinden können.

Schon Hiob erkannte:
*»Herr, was ich befürchtet habe, ist über mich gekommen.«*

Und Luther fügte hinzu:
*»Wer an die Hölle glaubt, fährt hinein.«*

*Zweites Denkgesetz:*
*»Am Anfang jeder Tat steht die Idee.*
*Nur was gedacht wurde, existiert.«*

Durch unser Denken erzeugen wir mit all unserer Kraft ein negatives Schicksal und haben dadurch noch mehr Grund zum Klagen, Jammern, uns zu beschweren. Vielleicht kann uns auch hier die Selbsterkenntnis weiterbringen. Wer sich beklagt, klagt sich an! Wann beginnen wir unsere scheinbare Ohnmacht zu überwinden? Wir sollten das Gesetz der sich selbsterfüllenden Prophezeiung nicht nur kennen, sondern es täglich zu unserem Vorteil anwenden.

Wir praktizieren es immer unbewußt, wenn wir von unseren Wünschen sprechen.

*Leben ist Kraftäußerung.*

Wir besitzen einen Körper, mit dem wir das Leben erleben können. Die wichtigste Aufgabe unseres Körpers besteht darin, Energie zu produzieren – und das täglich 24 Stunden lang. Darum gibt es keinen Menschen, der zuwenig Kraft besitzt. Die meisten Menschen lassen ihre Kräfte nur in negative Kanäle, anstatt in positive, fließen. Die bewußte Autosuggestion gibt Ihnen nun die wunderbare Möglichkeit, Ihre Kräfte ganz bewußt in positive Kanäle zu dirigieren. Nicht mehr der Zufall bestimmt, sondern Ihr positives Denken. Sie erkennen jetzt ganz deutlich die Macht des positiven, aufbauenden Denkens.

Um die inneren Vorgänge genau zu verstehen, können Sie Ihr Gehirn mit einem Diaprojektor vergleichen. Sie haben zwar Hunderte von Dias im Speicher, aber zeigen können Sie nur ein Dia. Entweder ein negatives oder ein positives. Genauso ist es mit unserem Denken. Unser Gehirn ist ein Meer von Gedanken. Aber wir können immer nur einen Gedanken denken. Demzufolge ist Autosuggestion die konsequente Form der Gedankendisziplin. Die Beeinflussung des eigenen Unterbewußtseins ist nicht eine Frage des Glaubens, sondern beruht auf der Konstruktion unseres Unterbewußtseins. Schauen Sie sich bitte einmal unser Dreieck an.

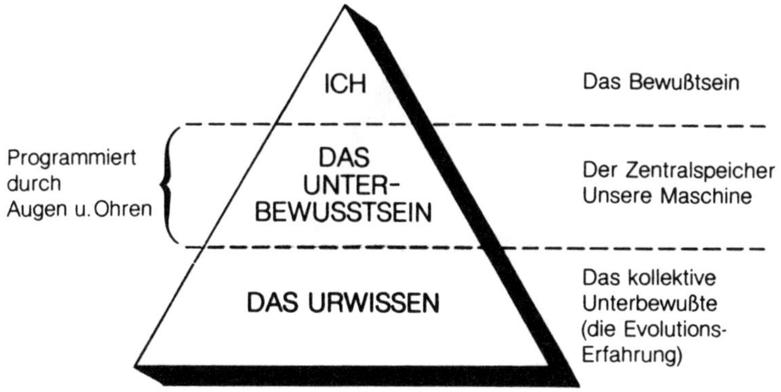


*Abbildung 1*

Wie Sie wissen, haben unsere fünf Sinne die Aufgabe, die Außenwelt in die Innenwelt hereinzuholen. Alle Informationen von außen werden in unserem privaten Archiv gespeichert. Schon vor 2000 Jahren erkannte Cicero:

| |
|---|
| *»Das Gedächtnis ist die Schatzkammer des Lebens.«* |

Ein wunderschöner Vergleich, unser Gedächtnis ist aber nur dann wirklich eine wertvolle Schatzkammer, wenn in ihr auch wertvolle Informationen gespeichert wurden.

Fünf Informationskanäle besitzt der Mensch. Die zwei wichtigsten sind unsere Augen und unsere Ohren. Alles also, was die Augen und die Ohren wahrnehmen, wird in unser Inneres gedrückt und dort gespeichert. Darum sprechen wir auch von den »Eindrücken«.

Ganz wichtig zu wissen ist, daß dabei unser Ohr der wichtigste Informations- oder Beeinflussungskanal ist. Das Ohr ist Tag und Nacht geöffnet, sowohl im Wachen als auch im Schlaf.

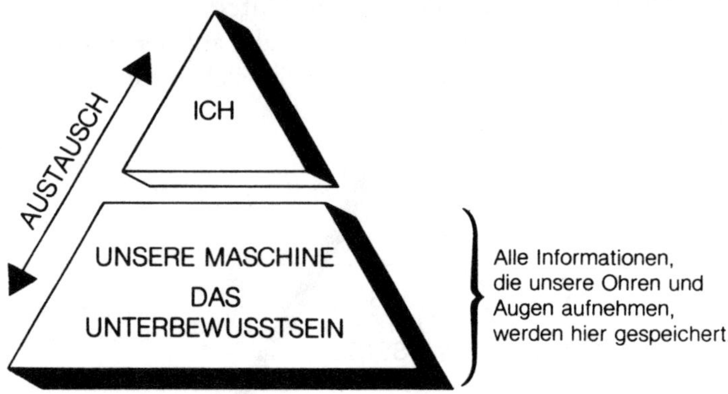


*Abbildung 2*

Mit Hilfe von Abbildung 2 können Sie sich genau die positive und negative Beeinflussung vorstellen.

Das kleine obere Dreieck ist unser bewußtes »Ich«.

Darunter liegt unser Gedächtnis.

Beide sind miteinander verbunden. Um die Arbeitsweise zu verstehen, zwei plastische Beispiele:

Ein Mann hat schlecht geschlafen. Am Morgen erzählt er seiner Frau:

*»Ich kann überhaupt nicht mehr schlafen.«*

Aber nicht nur die Ohren seiner Frau hören diese Informationen, sondern auch seine Ohren hören die eigenen Informationen, und sein Gedächtnis kann ebenfalls gar nicht anders, als diese Informationen aufzunehmen und zu speichern. Nun stellen Sie sich vor, dieser Vorgang wiederholt sich im Verlauf des Tages vier- bis fünfmal.

Abends, es ist gegen 23.00 Uhr, will der Mann zu Bett gehen, doch auf einmal hört er die Stimme seines eigenen Unterbewußtseins:

*»Geh' nicht zu Bett, denn du weißt es doch, du kannst nicht mehr schlafen.«*

Und schon erkennen Sie es ganz deutlich: Eine mögliche Schlaflosigkeit ist das Ergebnis eigener negativer Suggestion.

Vielleicht fällt es Ihnen schwer, das zu glauben.

Das ist aber keine Frage des Glaubens, sondern des Handelns. Trinken Sie doch einmal eine Flasche Schnaps, und Sie werden die Wirkung spüren, und die Wirkung ist keine Frage des Glaubens, sondern des Handelns.

Wir neigen alle gern zum Zweifel, weil sich die Wirkungen nicht sofort von einer Sekunde zur anderen einstellen. Wir wollen immer Spontanheilungen oder Wunder und vergessen dabei, daß alles eine Frage der Entwicklung ist.

Aus der Medizin kennen Sie den Begriff der Inkubationszeit. Nehmen wir einmal an, Sie haben sehr starke Kopfschmerzen und schlucken darum ein paar Schmerztabletten. Auch die besten Kopfschmerztabletten benötigen eine geraume Zeit, um wirken zu können. Das verwundert uns gar nicht, es ist uns bekannt. Nur bei der Autosuggestion wollen wir die Wirkung sofort. Durch diese falsche Erwartungshaltung verhindern wir unbewußt die mögliche positive Wirkung.

Um sich ganz genau vorstellen zu können, was in unserem Inneren an Vorgängen und Prozessen abläuft, damit eine Wirkung entsteht, vertiefen Sie sich in die Abbildung 3. Vergleichen Sie jetzt bitte Ihr Unterbewußtsein mit einem See. Sie werfen in einen See einen Stein (eine positive Suggestion). Es gibt Wellen, und der Stein wird nicht mehr gesehen. Aber der Stein hat sich nicht aufgelöst, sondern er fiel auf den Grund des Sees. Außer kleinen Wellen entstand kaum eine Wirkung.

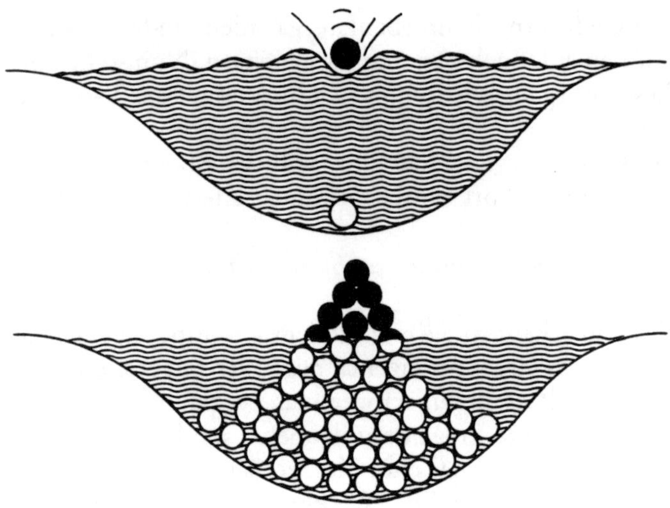

*Abbildung 3*

Nun stellen Sie sich bitte weiter vor, Sie werfen nicht nur einen Stein, sondern Hunderte von Steinen hinein. Was passiert dann – langsam, ganz langsam bildet sich im See eine Insel. Die geworfenen Steine werden als Insel über dem Wasser sichtbar.

Das heißt: Die positiven Suggestionen setzen sich durch und haben inzwischen ein festes Fundament. Der Erfolg zeigt sich jetzt auch ganz deutlich in der Außenwelt. Der Erfolg ist also nicht eine Frage des Glaubens, sondern eine Frage der autosuggestiven Praxis und der Zeit.

Wunder werden möglich, Sie erkennen es ganz genau. Jeder kann durch positive Suggestionen sich selbst bestimmen und durch das Freiwerden seiner Glaubenskräfte sein Schicksal, seine Zukunft, bewußt beeinflussen.

Zukünftige, positive Wirkungen beruhen also nicht mehr auf dem Faktor »Zufall«, sondern sind das Ergebnis unseres konsequenten Psychotrainings. Darum bitte konsequent die Grundgesetze der Lebensentfaltung anwenden!

Ein weiteres Beispiel kann Ihnen verdeutlichen, welche wunderbaren Möglichkeiten wir nutzen können.

Sie wissen, wie wichtig unser Gedächtnis ist, Sie wissen auch, wie wichtig für unser Leben das Auswendiglernen von Texten ist. Das betrifft besonders unsere Programmierungen.

Wenn Sie schon einmal eine Programmierung auswendig gelernt haben, konnten Sie zwei Dinge bemerken:

1. Einige Sätze konnten Sie sehr schnell auswendig.
2. Mit anderen Passagen hatten Sie größte Schwierigkeiten.

Alle Autosuggestionen, die Sie sofort auswendig können, sind für Sie der Beweis, daß hier Ihr Unterbewußtsein richtig programmiert ist.

Und alle Suggestionen, die Ihnen schwerfallen, sind für Sie ein Indiz dafür, daß Sie an dieser Stelle in der Vergangenheit falsch programmiert wurden.

Vielleicht haben Sie jetzt das berühmte »Aha-Erlebnis« und ziehen die richtige Schlußfolgerung. Wenn es Ihnen nun gelingt, gerade diese schwierigen Passagen auswendig zu lernen, sich einzuprägen, ist es Ihnen gelungen, sich durch Ihre eigene Kraft von den negativen Suggestionen zu befreien. Sie haben sich selbst überwunden, Sie sind über sich selbst hinausgewachsen, Sie sind freier geworden.

Positive Autosuggestion ist die wirkungsvollste Möglichkeit, unsere Ressourcen auszuschöpfen.

Wir spüren immer deutlicher, daß wir sehr viel leisten könnten, wenn wir nur an uns glauben. Es gelingt uns immer wirkungsvoller, unsere Hemmungen und Minderwertigkeitskomplexe zu überwinden. Wir lernen, die Sorgen und Zweifel auszuschalten, und dadurch führt der Glaube und das Vertrauen zu unseren Zielen, zu unserer Zukunft.

Die mächtigste Waffe im Daseinskampf, im Lebenskampf, ist der Glaube an sich selbst und an den Sinn seines Lebens.

Sie verstehen, daß die Teilnehmer unserer Seminare keine Glücksritter sind, sondern sie erlernen, systematisch ihr Glück zu verursachen. Weiterbildung ist eine Aufgabe ohne Ende, Leben ist verwirklichtes Denken, gute Gedanken erwecken gute Gedanken, Gedanken an das Starke rufen Starkes hervor.

Durch unsere Exerzitien wächst Ihr Selbstbewußtsein; Sie werden belastbarer.

Es gehört schon viel Selbstbewußtsein dazu, das Leben so zu akzeptieren, wie es ist.

Je stärker Sie aber in Ihrem Inneren, in Ihrem Herzen sind, um so leichter wird das Leben, Sie können es in allen Situationen ertragen.

Je selbstbewußter Sie sind, um so leichter können Sie auf Arroganz und Überheblichkeit verzichten, und Sie gehören nicht zu den Menschen, die das Leben anderer dauernd durch ihr Nörgeln und Meckern zu meistern versuchen.

Leider gibt es auch Lehrer, die den Mißbrauch der Autosuggestion lehren und viele Menschen zu ihrem Nachteil verführen. Man kann Menschen so ziemlich alles einreden, leider auch falsche Dinge.

Es ist mehr als nur gefährlich, sich einzureden:
*»Ich werde vollkommen, ich bin vollkommen.«*

Wir sind und bleiben Menschen. Wir können besser werden, tüchtiger werden, wir können Schwächen in Stärken verwandeln, alles das können und sollten wir, aber vollkommen oder gar gottgleich werden wir nicht.

Genauso gefährlich ist es, sich zum Beispiel zu suggerieren:
*»Ich werde nicht mehr krank.«*

Richtig wäre die Suggestion:

*»Mein innerer Arzt wird alle Krankheiten rechtzeitig erkennen und genügend Abwehrkräfte produzieren.«*

Eine andere negative Suggestion ist:
*»Für mich gibt es keine Probleme.«*

Besser wäre:

> *»Durch die Hilfe meines Unterbewußtseins werde ich alle Probleme lösen können.«*

Bitte mißbrauchen Sie die Möglichkeiten der Autosuggestion nicht.

Darum unser Vorsatz für die Zukunft:

> *»Lernen wir, bewußt zu leben, lernen wir, unsere Zukunft immer bewußter zu gestalten.«*

Sprechen wir darum immer wieder von unseren Wünschen, denn mit unseren Wünschen leben wir heute schon in der Zukunft. Mit unseren Wünschen holen wir die Zukunft in die Gegenwart hinein. Erleben Sie in Ihrem Leben die magische Kraft der Wünsche.

Sie werden damit positive Kettenreaktionen auslösen. Was sagte schon Gautama Buddha:

> *»Herrschaft über das Denken gibt Macht über Leib und Leben.«*

Das tägliche Training der Autosuggestion ist die hohe Schule der Selbstdisziplin. Darum können wir erleben, daß Menschen, die Autosuggestionen ablehnen, auch nichts von Selbstdisziplin halten, sie wollen sich nicht festlegen.

Diese Menschen möchten zwar erfolgreich werden, aber nur, wenn ihnen der Zufall hilft.

Durch das autosuggestive Training lernen wir, den bewußten und unbewußten Willen in uns zu vereinigen.

Wir stehen nicht länger nur auf einem Bein, sondern benutzen beide. Wir nutzen nicht nur eine Gehirnhälfte, sondern in Zukunft beide Gehirnhälften.

Viele Menschen möchten etwas sein, aber keiner möchte etwas werden. Der Mensch bleibt jedoch ein *»Werdender«*. Jeder kann morgen etwas sein, was er heute noch nicht ist. Mit unserer positiven Suggestion nehmen wir unsere Ideale vorweg. Wir dürfen und wollen nicht unmenschlich werden, sondern stärken unser Selbstbewußtsein, so daß wir den Mut besitzen, uns zur menschlichen Natur zu bekennen. Kein Mensch kann ständig Erfolg haben. Niemand ist vor Mißerfolgen oder Schicksalsschlägen geschützt.

Viele Menschen leben in der ständigen Angst, Fehler zu begehen, sie möchten sich stets vollkommen verhalten, eben das ist nicht nur unmöglich, sondern zutiefst unmenschlich. Zunächst ist es unmöglich, Fehler zu vermeiden. Wir sollten uns aber bemühen, wenig Fehler zu machen und den Mut aufbringen, uns durch Fehler nicht entmutigen zu lassen. Das Verlangen, vollkommen zu sein, ist in sich schon der größte Fehler und führt zu Irrtum und falschen Reaktionen. Könnten wir unsere Fehler ohne die Furcht, Liebe zu verlieren oder Ansehen zu verlieren, hinnehmen, wären wir zu größeren Leistungen fähig und würden faktisch weniger Fehler machen. Mit der positiven Autosuggestion können wir alles verändern und verbessern, was sich überhaupt verändern und verbessern läßt. Wir haben Einfluß auf unsere Gesundheit, auf unsere partnerschaftliche Situation und können unsere berufliche und finanzielle Situation verbessern. Vergessen Sie nie: »An seine Grenze stößt nur der, der an seine Grenze glaubt.« Wir wirken mit der Suggestion nicht nur auf unsere Lebensbedingungen ein, sondern wir schaffen sie sogar selbst. Wir bestimmen die Bedeutung all dessen, was uns widerfährt. Wir sind also nicht Opfer unseres Schicksals oder bestimmter Situationen. Wir können Bedingungen ändern, neue Situationen schaffen, Einfluß auf andere ausüben und dadurch ein Echo auslösen, das wir dann selbst erfahren.

Vielleicht kennen Sie Menschen, die stets Glück haben, und andere, die vom Unglück verfolgt werden. Wenn Sie aber den Glückspilz und den Pechvogel genau analysieren, finden Sie bei beiden ganz spezifische Verhaltensmuster.

Der Glückspilz glaubt an sich und erwartet Erfolg. Er besitzt darum die Fähigkeit, Chancen zu erkennen und auszunutzen.

Der Pechvogel oder Maulschellenangler ist dagegen pessimistisch. Er erwartet erst gar nicht den Erfolg. Deshalb ist er oft im Betazustand. Er ist nervös und angespannt. Er reagiert oft aggressiv, verdirbt sich selbst dadurch die besten Situationen. Er macht seine Alpträume zur Wirklichkeit.

Hat er wirklich einmal Erfolg, verwirrt ihn das nur und ist für ihn ein Zeichen, daß bald der Mißerfolg folgen wird. Er verurteilt sich stets selbst.

Der negative Mensch kann sich nur dann ändern, wenn er durch Suggestivtraining sein Selbstbildnis ändert, sein Selbstbewußtsein aufbaut.

Wenn wir bedenken, daß der Mensch nur ein Zehntel seines Potentials ausschöpft, wissen und begreifen wir, daß wir nicht an Überschätzung, sondern an Unterschätzung leiden. Der Unterschätzung liegt immer ein tiefverwurzelter Minderwertigkeitskomplex zugrunde. Wir sollten Minderwertigkeitskomplexe als persönliche Vorurteile erkennen, mit denen wir uns selbst gegenübertreten.

Eine Eliminierung der Minderwertigkeitskomplexe ist nicht durch den Intellekt möglich, sondern allein durch aktives Suggestivtraining. Praktizieren wir also, was wir tief in unserem Wesen genau wissen.

Es ist nicht entscheidend, als was wir geboren wurden, entscheidend ist allein, was wir aus uns machen. Wir sind am Anfang das, was man uns gegeben, vererbt hat und werden allmählich das, was wir wollen. Mit der positiven Autosuggestion lernen wir, Bedingungen zu schaffen, um uns selbst zu verwirklichen.

Schon vor 2500 Jahren sagte Lao-tse:

*»Der Mensch hat es in der Hand, sein Schicksal zu gestalten. Je nachdem, ob er sich durch sein Benehmen dem Einfluß der segnenden oder der zerstörenden Kräfte aussetzt.«*

Beginnen Sie mit Ihrer positiven Autosuggestion jetzt:

**»Ich bin fest entschlossen, die Kräfte und Fähigkeiten meines Unterbewußtseins zu nutzen.**
**Mein Unterbewußtsein ist mein bester Mitarbeiter; es ist der Riese in mir! Ich lerne, mein Unterbewußtsein immer wirksamer zu beeinflussen.**
**Täglich werde ich mein Unterbewußtsein überzeugend und suggestiv ansprechen, um ihm zu sagen, was ich von ihm erwarte. Täglich wächst mein suggestiver Einfluß, das stärkt und kräftigt meine Persönlichkeit! Alle Kräfte und Fähigkeiten meines Unterbewußtseins warten darauf, meine Wünsche zu erfüllen.**
**Aus diesem Grunde werde ich täglich konzentriert und suggestiv mein Unterbewußtsein beeinflussen. Dann wird mein bester Mitarbeiter alles tun, was ich von ihm erwarte.«**

*Selbstkritik*

*Die Selbstkritik hat viel für sich,*
*Gesetzt den Fall, ich tadle mich,*
*so hab ich erstens den Gewinn,*
*daß ich so hübsch bescheiden bin,*
*zum zweiten denken sich die Leut,*
*der Mann ist lauter Redlichkeit,*
*auch schnapp ich drittens diesen Bissen*
*vorweg den anderen Kritiküssen,*
*und viertens hoff ich außerdem auf*
*Widerspruch, der mir genehm,*
*so kommt es denn zuletzt heraus,*
*daß ich ein ganz famoses Haus.*

*(Wilhelm Busch)*

# Autosuggestionen zur Beeinflussung Ihres Unterbewußtseins

## Ich werde ein selbstbewußter Mensch!

Ich habe mich entschlossen, ein freier, mutiger und selbstsicherer Mensch zu werden.

Ich fühle es mit jedem Tag immer deutlicher und immer lebendiger, wie mein Auftreten und Sprechen schon freier, mutiger und selbstsicherer geworden sind.

Die Durchführung meiner täglichen Übungen gibt mir immer mehr Selbstvertrauen, immer mehr Mut und immer mehr Selbstsicherheit.

Ich bin erfüllt von neuer Lebensfreude und neuem Lebensmut.

Dieses Gefühl der Lebensfreude und des Lebensmutes durchströmt mein ganzes Wesen.

Da ich meinen Beruf sehr liebe, wird auch mein Inneres, mein Unterbewußtsein, mir helfen, meine Aufgaben mit Freude und Begeisterung auszuführen.

Nicht nur meine Kunden sind von meinem positiven Verhalten beeindruckt, auch mein Gespür für neue, wertvolle Mitarbeiter und meine Fähigkeit, sie anzusprechen, sie zu überzeugen, wird immer besser und erfolgreicher.

Mißerfolge gehören zum Leben – ich bin an meinen Mißerfolgen gewachsen, darum ist meine Persönlichkeit stark und belastbar geworden.

Da ich von den Chancen meines Berufes überzeugt bin, springt der Funke der Begeisterung über.

Immer besser wird mein Gespür für neue, wertvolle Mitarbeiter – und meine Fähigkeit, sie anzusprechen, sie zu überzeugen, wird immer besser und erfolgreicher.

Ich weiß, was ich will, ich weiß es ganz genau!

Wer große Ziele erreichen will, muß felsenfest an sich glauben und sich höchste Leistungen zutrauen.

Ich bin fest entschlossen, die Fähigkeiten meines Geistes zu nutzen.

Konzentration und Interesse allein bestimmen meine Grenzen. Ich kann mich immer besser konzentrieren, denn ich bringe die innere Bereitschaft zu meiner Leistung mit.

Durch meine starke Konzentration prägen sich alle wichtigen Informationen tief in meinem Gedächtnis ein. Je entspannter ich bin, um so zuverlässiger arbeitet mein Gedächtnis.

Ich kann mich in allen Situationen auf mein Gedächtnis verlassen. Ganz bestimmt – ganz bestimmt.

Suggestivrezept

Ich kann, was ich will!
Ich bin fest entschlossen, meinem Leben Wert und Sinn zu geben, denn ich weiß, was ich will!

Ich habe einen starken Willen und kann mich gut konzentrieren!
Alle Oberflächlichkeiten verschwinden – meine Konzentrationskraft vertreibt meine Unruhe!

Mißerfolge können mich nicht verunsichern,
denn ich kann, was ich will!

Erst denken, dann handeln,
aber nie mit dem Kopf durch die Wand,
denn es gibt immer eine Tür!

Wünschen – planen – wagen – siegen,
das ist mein Motto!

Ich bin glücklich, denn ich weiß, ich kann,
wenn ich will!

Ich weiß, was ich will.

Ich weiß es ganz genau
und kann es mir in allen Einzelheiten vorstellen.

Ich kann, was ich will.
Ich habe einen starken Willen
und kann mich gut konzentrieren.

Alle Oberflächlichkeiten verschwinden,
meine Konzentrationskraft vertreibt meine Unruhe –
ich kann mich immer besser auf meine Ziele konzentrieren.

Ich weiß, durch Übung wird alles leicht,
und es bereitet mir eine immer größere Freude festzustellen, daß auch ich ein begabter und befähigter Mensch bin.

Ich muß nur an mich glauben, dann erwachen meine Kräfte und alles wird leicht.

Ich bin glücklich –
denn ich weiß, ich kann, wenn ich will!

Auch ich habe große Ziele –
alles, was vor mir erstehen soll,
findet seine Ursache in meinem Denken.

Ein Gedanke – eine Vorstellung, deren Verwirklichung ich ausdauernd verfolge, muß schließlich sichtbar in Erscheinung treten.

Ich weiß, was ich will!
Ich weiß es ganz genau ...
und kann es mir in allen Einzelheiten
vorstellen und ausmalen.

Warum sollte ich nicht mehr erreichen,
als andere mir zutrauen.

Ich erreiche meine Ziele ... ganz bestimmt!
ganz bestimmt ... !

Ich glaube an mich und meine Aufgabe,
so wie alle an sich glauben mußten,
um GROSSES zu vollbringen.

Ich bin fest entschlossen, die Kräfte und Fähigkeiten meines Unterbewußtseins zu nutzen.

Mein Unterbewußtsein ist mein bester Mitarbeiter; es ist der Riese in mir!

Ich lerne, mein Unterbewußtsein immer wirksamer zu beeinflussen.

Täglich werde ich mein Unterbewußtsein überzeugend und suggestiv ansprechen, um ihm zu sagen, was ich von ihm erwarte.

Täglich wächst mein suggestiver Einfluß, das stärkt und kräftigt meine Persönlichkeit!

Alle Kräfte und Fähigkeiten meines Unterbewußtseins warten darauf, meine Wünsche zu erfüllen. Aus diesem Grunde werde ich täglich konzentriert und suggestiv mein Unterbewußtsein beeinflussen. Dann wird mein bester Mitarbeiter alles tun, was ich von ihm erwarte.

**Ich weiß, daß auch mir höchste Leistungen möglich sind.**

**Ich glaube an mich und an meine Zukunft.**

**Wer große Ziele erreichen will, muß felsenfest an sich glauben.**

**Dieser Glaube weckt die kreativen Kräfte meiner Seele.**

**Stets werde ich Zeit finden, um an meiner persönlichen Weiterentwicklung zu arbeiten, denn nur so geht es weiter bergauf.**

**Mein Unterbewußtsein wird mir helfen, meinem Leben Richtung und Sinn zu geben.**

Ich bin fest entschlossen, eine einflußreiche Persönlichkeit zu werden.

Meine Stimme klingt ruhig und tief und bewirkt eine harmonische Atmosphäre.

Ich lerne, meine Kraft immer intensiver zu benutzen.

Ich weiß, wie man einen guten Kontakt herstellt, und spüre meinen Einfluß.

Es ist ein gutes Gefühl, das Bewußtsein einer einflußreichen Persönlichkeit zu besitzen.

Ich beobachte, wie sich mein Gesprächspartner wohl fühlt und entspannt.

Meine Gesprächspartner sind von meiner fachlichen Qualifikation überzeugt, und ich kenne ihre Wünsche und Ziele.

Ich bin eine einflußreiche Persönlichkeit, und mein Einfluß wird immer größer und positiver.

## Vom Ideal zur Wirklichkeit

Es gibt Wünsche, die nie altern. Und einer der ältesten Wünsche der Menschen ist, glücklich zu sein.

Wir alle sind Zeit unseres Lebens auf der Suche, auf dem Weg zum Glück.

Wir wissen, daß der Mensch nicht erst zu sterben braucht, um die Hölle zu erleben. Wahre Teufel gibt es auf Erden genug.

Zufriedenheit aber, auch das wissen wir, ist kein Dauerzustand. Sie muß ständig neu erobert werden.

Wenn wir unser Leben, unsere Wirklichkeit, unser Heute betrachten, haben wir allen Grund, dankbar zu sein.

Im Leben gibt es jedoch keinen Stillstand. Wir sind ein Teil der Natur, und die Kraft der Evolution wirkt weiter.

Altes stirbt, und Neues wird.

Aus diesem Grunde sollten wir uns heute die Frage stellen, was sollte, was müßte geschehen, damit dieses Jahr ein schönes, ein glückliches, ein ideales Jahr wird?

**Beim Planen, beim Vorausdenken unserer Zukunft, flüchten wir nicht aus unserer Wirklichkeit in Illusionen, sondern wir begreifen unser Heute als das Fundament für das Morgen.**

Darum sollten wir uns vor der Beantwortung einer wichtigen Frage nicht herummogeln. Denn was wir brauchen, um unser Morgen zu gestalten, sind nicht Ziele um jeden Preis, es müssen persönlichkeitsgerechte Ziele sein. Ziele, die seit unserer Jugend in uns ruhen.

So wie sich ein Mann nicht in jede Frau verlieben kann, so kann auch ein Mensch nicht jedes Ziel anstreben. Persönlichkeitsgerechte, ureigene Ziele sollten wir verfolgen und realisieren.

Was macht mich seit langem unglücklich?
Worüber ärgere ich mich schon lange?
Die schriftliche Beantwortung dieser Fragen hilft Ihnen, sich über ihre Grundproblematik bewußt zu werden.

Wenn wir das Leben eines Menschen analysieren, gibt es oft kritische, oft aussichtslose Situationen, in denen – auch beim besten Willen – der Satz

*»Ich kann, was ich will«*

unglaubwürdig ist. In solchen Situationen kann sogar der Wille, ein übertriebener Ehrgeiz den ganzen Menschen verkrampfen. Dann wird man verbissen.

Aber selbst in den ausweglosesten Situationen des Lebens hat der Mensch noch die Fähigkeit, sich das Ideale, das Vollkommene zu wünschen.

**Hier stehen wir an der Grenze zum Wunder.**

Selbst nach einem schweren Autounfall kann sich jemand noch wünschen, achtzig Jahre alt zu werden. Selbst unmittelbar vor einem Konkurs kann der Chef sich noch wünschen, einen neuen, gewinnbringenden Betrieb aufzubauen und neue Produkte zu produzieren. Selbst bei einem schlechten Zeugnis kann das Kind sich wünschen, einmal Bester zu sein.

**Mit unseren Wünschen überschreiten unsere Gedanken die Grenze der scheinbaren Realität. Wir dringen in tiefere Bereiche unserer Existenz vor. Die Wirkkraft des Wunsches – seine Macht – ist stärker und größer als die des Willens. Die Kraft des Willens kann sich gegen unser eigenes Naturell richten. Die Kraft des Wunsches aber wirkt immer nur im Einklang mit unserem wahren Ich. Keiner kannte und formulierte diese Erkenntnisse treffender als Goethe.**

In »Dichtung und Wahrheit« lesen wir:

> *»Unsere Wünsche sind die Vorgefühle der Fähigkeiten, die in uns liegen. Vorboten desjenigen, was wir zu leisten imstande sein werden. Was wir können und möchten, stellt sich unserer Einbildungskraft außer uns und in der Zukunft dar. Wir fühlen eine Sehnsucht nach dem, was wir im Stillen schon besitzen.«*

Ein selbstbewußter Mensch kennt und bekennt sich zu seinen Wünschen. Seelisch unverbildete Kinder schreiben einen Wunschzettel. Sie haben den Mut, das, was sie wünschen, nicht nur zu denken, sondern auch schriftlich festzuhalten.

Es gibt nichts Persönlicheres als die Wünsche eines Menschen. Wünsche weisen uns den Weg. Unsere Wünsche zu verwirklichen, das ist der wahre

*Erfolgreiche Weg.*

Unsere Lebensaufgabe ist die Entfaltung unserer Persönlichkeit. Sie werden aber keine Persönlichkeit allein dadurch, daß Sie eine Persönlichkeit werden wollen. Hier liegt bei vielen der große Irrtum. Sie werden nur eine Persönlichkeit durch die Verwirklichung Ihrer großen Ziele. Denn um große Ziele zu erreichen, müssen wir alle Fähigkeiten aktivieren, die einen Menschen erst zur Persönlichkeit machen. Persönlichkeit im luftleeren Raum gibt es nicht!

Der Mensch wird erst etwas durch sein Werk, durch sein Tun, durch sein Handeln.

**Ein Drittel seines Lebens und mehr verbringt der Mensch bei seiner Arbeit. Arbeit ist jedoch nicht gleich Arbeit. Es ist ein Unterschied, ob man zur Arbeit gezwungen wird oder aus eigenem Antrieb arbeitet. Ob man eine kreative Arbeit vollbringt oder eine vorgedachte. Ihre Arbeit sollte Ihnen Freude, viel Freude bereiten. Arbeit ohne Freude ist etwas Gemeines, eine widerliche Angelegenheit. Arbeit ohne Freude kann krank machen. Wer ohne Freude arbeitet, kann einen Herzinfarkt oder Magengeschwüre bekommen.**

Freude aber ist das Grundgesetz des Lebens. Alles, was Sie mit großer Freude anfassen, gelingt. Die Konsequenz daraus heißt, Sie benötigen Ihre ureigenen Ziele, die Ihnen sicher Freude bereiten.

Ziele, die dem Aufbau Ihrer Persönlichkeitsstruktur entsprechen. Da der Mensch in mehreren Bereichen lebt, sollten wir unsere Ziele in vier Gruppen unterteilen.

1. Berufliche Ziele
2. Private Ziele
3. Gesundheitliche Ziele
4. Kulturelle Ziele

Einige Teilnehmer unserer Seminare haben diese Rangfolge kritisiert. Aufgrund meiner zwanzigjährigen Erfahrung und der Kenntnis Tausender von Lebensläufen möchte ich Ihnen jedoch die Erkenntnis vermitteln, daß ich diese Rangfolge als richtig erkannt habe und nicht die, die einige lieber hören möchten.

Wenn wir unserem Leben wirklich einen Sinn geben wollen, also nicht sinnlos dahinleben, muß der Beruf – oder besser unsere Berufung, unsere Aufgabe – an erster Stelle stehen.

**Daß die beruflichen Ziele in der ersten Lebenshälfte anders aussehen müssen als in der zweiten, ist ganz selbstverständlich.**

Gerade im beruflichen Leben sollten wir durch Planung den Zufall soweit wie möglich ausschalten. In der ersten Lebenshälfte ist es vorrangig, seine Fähigkeiten und Stärken zu erkennen und zu entfalten. Dann eine Position zu finden, in der man die Fähigkeiten erfolgreich und befriedigend anwenden kann.

In der zweiten Hälfte des Lebens müssen die Ziele ganz anders aussehen. Zum Beispiel: neue, wertvolle Mitarbeiter zu finden oder mehr zu delegieren oder zwanzig Prozent weniger zu arbeiten oder die Nachfolge vorzubereiten.

Einen Gedanken sollten auch die Männer nicht vergessen. Mutter zu sein ist auch ein Beruf. Mehr noch, diese Aufgabe sollte in allen Fällen eine Berufung sein. Keine andere Tätigkeit, die richtig und engagiert ausgeführt wird, gibt mehr die Chance zur Entfaltung der Persönlichkeit als die großartige Aufgabe, eine neue Generation auf das Leben vorzubereiten.

Da aber auch diese Aufgabe eines Tages ausläuft, will man nicht die Kinder zeitlebens an sich fesseln, sondern braucht schon viele Jahre vorher neue Wünsche und neue Ziele.

An zweiter Stelle steht das Private. Ihr Lebenspartner, Ihre Kinder, alles, was zur Familie gehört. Vergessen Sie nicht Ihre Freunde und Bekannten. Bei der Durchleuchtung Ihrer privaten Seite erkennen Sie, ob zwischen Beruf und Privat eine harmonische Ergänzung besteht oder eine Diskrepanz. Damit können Sie rechtzeitig Konflikte vorhersehen und ausräumen. Es gibt Situationen, in denen die privaten Ziele zunächst das Wichtigste in Ihrem Leben sind. In einem harmonischen Lebenslauf sollten das Berufliche und Private einander ergänzen und die Waage halten. Es sollte also ein sinnvolles Ganzes sein:

YIN und YANG.

*Ideal*

*Wer irgendein Ideal, das er ins Leben ziehen will,*
*in seinem Inneren hegt und nährt,*
*ist dadurch gegen die Gifte und Schmerzen der Zeit gefeit.*

*(Jean Paul)*

Um beruflich und privat sein Glück auch erleben und genießen zu können, ist drittens die Gesundheit Ihr wichtigstes Gut. Sie wissen, glücklich fühlt sich der Mensch, der im Kraftüberschuß steht.

Ihre Gesundheit ist nicht nur ein Geschenk, sondern sie kann erhalten oder verursacht werden.

Damit Ihr gesamtes Leben eine lange Kette von Höhepunkten ist, sollten Sie viertens nicht nur ein Hobby besitzen.

Sie sollten zu den Menschen gehören, die auch kulturelle Ideale verfolgen. Selbst wenn Sie heute weder Zeit noch Muße dafür haben, sollten Sie schon jetzt beginnen, darüber nachzudenken, welchen schönen Dingen oder Künsten Sie sich widmen wollen, wenn die Zeit dafür reif ist.

Wenn Henry Moore eine große Plastik schaffen wollte, gestaltete er zuerst ein kleines Modell, um danach die große Plastik zu bilden. Auch unsere Ziele, unsere Pläne sind Modelle für die Zukunft.

## Meine persönlichen Wunschziele

| | 1. Beruf | 2. Privat | 3. Gesundheit | 4. Kulturell |
|---|---|---|---|---|
| 1. | | | | |
| 2. | | | | |
| 3. | | | | |
| 4. | | | | |
| 5. | | | | |
| ... | | | | |
| | | | | |

## Mein wichtigstes Wunschziel

| 1. Menschen<br>Welche Personen<br>können mir helfen? | 2. Wissen<br>Welche Informationen<br>benötige ich noch? | 3. Finanzen<br>Wieviel Kosten werden<br>entstehen? |
|---|---|---|
| 1. | | |
| 2. | | |
| 3. | | |
| 4. | | |
| 5. | | |

**Da wir auch in Zukunft glückliche Menschen in einer harmonischen Umwelt sein wollen, träumen, meditieren und planen wir das Ideale, um danach die Wirklichkeit zu gestalten.**

Unter dem Stichwort »Ideal« lesen wir im Lexikon:

*Ideal (von griech. eidos »Bild«) Das konkrete Leitbild menschlichen Wertverhaltens. Man unterscheidet sittliche (Vollkommenheit), ästhetische (Schönheit), wissenschaftliche (Wahrheit). Transzendentales Ideal heißt bei Kant die »Idee Gottes«.*

Nicht fremden, sondern unseren eigenen Idealen sollten wir folgen – stimme mit dir selbst überein und folge deiner Natur. Das sollte unser Kompaß sein.

Damit wir Klarheit in unser Denken bekommen, ordnen wir unsere persönlichen Wunschziele unter Punkt 1 bis Punkt 4. Das ist unser erster Schritt. Um unsere Wunschvorstellungen realisierbar zu machen, fertigen wir für jeden wirklich wertvollen Wunsch einen eigenen Plan an. (s. Muster 1)

Sobald Sie damit beginnen, so konkret vorzugehen, verfestigt sich Ihr Wunsch, entwickelt sich eine eigene zielgerichtete Dynamik.

Kreativität und Intuition werden Ihre wertvollsten Gehilfen, und Sie werden bemerken, wenn Sie sich täglich bewußt mit Ihren Plänen beschäftigen, daß ein Wunder beginnt. Menschen und Zufälle stellen sich ein, Sie kommen der Realisierung schneller näher, als Sie es für möglich gehalten haben.

Mit jeder Minute konzentrierter Beschäftigung mit unseren Zielen und mit jeder Wiederholung wächst nicht nur unsere innere Gewißheit, sondern es wächst auch unsere Durchsetzungskraft.

Von seinen Möglichkeiten zu träumen ist vollkommene, schöpferische Meditation. Die Erfüllung seiner Wünsche herbeizusehnen, das ist das Reich der weißen Magie.

Erlernen wir wieder die magische Kunst, uns in unsere Zukunft hineinzuträumen. Mulford erkannte, daß aus Luftschlössern die Paläste dieser Erde werden. Wir definieren den Menschen als ein Wesen, das Ideale in Wirklichkeiten umzuwandeln vermag. Der Mensch besitzt von Natur aus die Kraft und Fähigkeit, sich selbst und die Umwelt zu verwandeln.

**Die Zukunft entsteht zuerst in unserem Gehirn. Wir wissen, daß die erfolgreichen Menschen der Geschichte durch ihr Denken erfolgreich geworden sind. Ihre Hände haben ihrem Gehirn nur Hilfsdienste geleistet. Alles, was je entstanden ist, wurde erst einmal gedacht.**

Wenn wir wieder wissen, was wir wollen, kommt eine große, innere Ruhe und Gewißheit. Dann haben wir wieder unseren Kurs genommen.

Darum, liebe Leser, sollten Sie nicht nur bestätigend nicken, sondern ab sofort wieder schriftlich planen.

**Die mächtigste Waffe im Daseinskampf ist der Glaube an sich und an den Sinn seiner Ziele.**

# Wie erfolgt »Erfolg«?

*»Der Schöpfer hat dem Menschen den Verstand gegeben, damit er mit ihm die wunderbare Ordnung der Natur erkenne und das Erkannte zur Grundlage der Ordnung der eigenen Verhältnisse mache.«*

*Johannes Kepler*

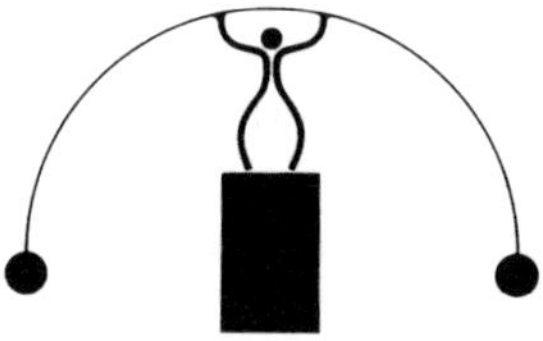

Wenn Sie unser Symbol, die Yin-Yang-Figur, betrachten, bemerken Sie deren festen Stand auf beiden Beinen. Die Kraft dieser Figur liegt in der Mitte, in dem Hara-Raum, wie es die Ostasiaten nennen. Dort – im Bauch-/Beckenraum – wo die Verdauung geschieht und damit die Versorgung des Menschen mit neuen Energien, dort liegt seine tatsächliche Kraft. Nur wenn er dort fundamental gefestigt ist, kann er Kraft für die Organe und für den Kopf bekommen.

Unser Erfolgssystem steht auf den Säulen der abendländischen Philosophie und findet seine Bestätigung im Alten und im Neuen Testament. Wir erkennen und bejahen die Grundwerte des Christentums und wissen um die Kraft des Glaubens. Zu Gott führen jedoch viele richtige Türen, wie wir von Nathan dem Weisen wissen, deshalb fühlen wir uns überkonfessionell und glaubenstolerant. Wichtig für uns ist, Ihnen dabei zu helfen, Ihren Glauben nicht nur wiederzufinden, sondern auch zu verstehen und zu vertiefen. Wer im Glauben ruht und lebt, hat es in der Problem- und Lebensbewältigung sehr viel leichter als ein auf sich allein Gestellter.

Es ist jedoch auch nicht unser Ziel, eine neue Religionsgemeinschaft oder Sekte zu gründen. An diesem Punkt grenzen wir uns entschieden von anderen ab. Jeder Glaube hat seine Wahrheit, es gilt, diese Wahrheit zu erkennen und zu akzeptieren. Jeder Glaube schenkt Kraft, wenn man nur glauben kann. Wir möchten Ihren Glauben stärken und wehren uns gegen das Sektierertum!

> *Nur von der Grundlage einer gesicherten Weltanschauung läßt sich ein erfolgreiches Leben planen und gestalten.*

In unserem Erfolgssystem geht es daher nicht nur um den Glauben, wir wollen auch wissen und sind daher für die Erkenntnisse der Wissenschaft dankbar. Wir anerkennen und berücksichtigen die Forschungsergebnisse der Medizin, der Genetik, der Tiefenpsychologie und der Anthropologie.

Man kann nur dann aus seiner Mitte leben, wenn man einen festen Standpunkt besitzt (oder besitzen will). Gerade unsere pluralistische Gesellschaft ist nur aus der Festigkeit des eigenen Standortes heraus zu ertragen. Denn eine Vielschichtigkeit im Inneren führt zu persönlichen Verunsicherungen. Ich weiß, daß dieser Gedanke vielen nicht akzeptabel erscheint. Sie versuchen dagegen seit vielen Jahren durch eine Fülle von Informationen und immer weiteren Informationen und Methoden, Systemen und Ansichten zu Gewißheit, zu Ruhe, zu Harmonie und zu Überzeugung und Erkenntnis zu gelangen. Aber leider vergeblich.

Ruhe, Sicherheit und Weisheit erwächst dem Menschen aus Erfahrungen, aus Erlebnissen und aus Erfolgen. Nur sie können uns positiv bestätigen:

*»An ihren Früchten werdet ihr sie erkennen,«*

steht in der Bibel. Am faszinierendsten finde ich allemal den Bibelsatz:

*»Ein guter Baum trägt gute Früchte.«*

Aus der Musik kennen Sie den Begriff: Thema in Variationen. Wenn Sie einmal das Leben vieler Menschen analysieren, dann besteht es nur aus Variationen. Es ist kaum möglich, das Grundthema zu finden oder herauszuhören. Gehen Sie jedoch gedanklich einmal all die Musikstücke durch, die Sie lieben, dann sind es jeweils die mit einem starken Grundthema. Denn nur die kann man in der Menge erkennen und als einmalig wiedererkennen.

Nur ein Mensch, der seine Einmaligkeit erkennt und seine Identität bejaht, besitzt in sich den Punkt der Stabilität und Belastbarkeit.

Deshalb möchte ich an dieser Stelle einen deutlichen Trennungsstrich zwischen allen anderen Systemen und Methoden und uns ziehen.

In unserem Institut geht es nicht um metaphysische Spekulationen und um die theoretischen Möglichkeiten des Irrationalen.

Nein, für uns ist das tägliche Leben mit seinen vielfältigen Aufgaben der Platz, an dem wir uns zu bewähren haben, wo wir glücklich sein können und wollen. Oder auch verzweifelt, deprimiert und wurzellos sind.

**Ein Erfolgssystem hat drei Aufgaben zu erfüllen.**

1. Dem Lernenden zu helfen, seine persönlichen Aufgaben und seine persönlichen Ziele zu finden und zu bejahen.
2. Den Mut und das Selbstbewußtsein des einzelnen zu steigern und den Willen so dauerhaft zu kräftigen, daß er diesen gefundenen Weg auch voller Optimismus gehen kann.
3. Das Lehrmaterial muß dem Lernenden die Wegweiser und das Handwerkszeug geben, das er benötigt, um seine persönlichen Wünsche und Ziele zu erreichen und seine Persönlichkeit zu entfalten.

Schwierig wird es stets mit den Menschen, die von mir erwarten, ich könnte für sie erfolgreich sein und i h r e Aufgaben könnte ich für sie erledigen.

So wie jeder selbst essen und trinken muß, so muß auch jeder für sich selbst erfolgreich sein. Man kann einem Menschen mit Rat und Tat zur Seite stehen, aber seinen Weg gehen, das muß er allein und selbst.

Genauso schwierig sind Lernende, die immer auf der Suche sind. Das Bibelwort:

*»Suchet und ihr werdet finden«,*

ist richtig. Aber viele suchen unentwegt. Im Grunde jedoch wollen sie gar nicht finden; denn würden sie ihren Weg, ihre Aufgabe, ihre Methode finden, so müßten sie Ernst machen und gradlinig aktiv werden. Aber solange sie noch suchen, können sie sich auf Träumen, Spielen und Theoretisieren beschränken. Das ist der Grund, warum es vor lauter Suchen in ihrem Leben nicht bergauf geht.

Bei vielen Menschen können Sie beobachten, wie sich ihr Denken ausschaltet, wenn sie das Wort ERFOLG hören. Selbst bei logischen Denkern kommt es zu dieser Blockade. Sie alle können offensichtlich den Begriff ERFOLG nur mit Geld gleichsetzen.

War Beethoven ein erfolgreicher Mensch, weil er Geld besaß oder weil er seine einmalige Musik schrieb?

War Robert Koch ein erfolgreicher Mensch, weil er ein Haus besaß oder weil er den Tuberkelbazillus fand? War nicht auch Florence Nightingale eine ebenso erfolgreiche Frau? Wir alle wünschen uns, daß auch Mutter Theresa noch lange erfolgreich wirken kann, und sind dankbar, daß es viele unbekannte Helfer im sozialen Umfeld gibt.

*Erfolg ist das Gegenteil von Eigennutz.*

Wer im Leben nur immer an seinen eigenen Vorteil denkt, kann depressiv werden. Solch ein Mensch verliert seinen Wert. Wir aber wissen, daß der Mensch das Wesen ist, das seinen Wert selbst bestimmt. Der Mensch erhält den Wert – seinen Wert – durch den Nutzen, den er stiftet. Darum ist unser Erfolgssystem überhaupt nichts für negative Egoisten.

Der Dreh- und Angelpunkt unseres Erfolgssystems ist der christliche Gedanke:

*»Liebe deinen Nächsten wie dich selbst.«*

Dieser Satz ist das Grundgesetz des wahren Erfolges.

Die positive Persönlichkeit ist stets bestrebt, anderen Vorteile zu bringen und in größeren Dimensionen zu denken. Vielleicht denken Sie für einen Augenblick noch einmal an Yin und Yang. Wer sät, darf auch ernten. Wer gibt, darf auch nehmen. Sie spüren das Gesetz der ausgleichenden Gerechtigkeit. Wenn Sie persönlich viel, vielleicht sogar das Beste geben, dürfen Sie auch nehmen, ohne sich um den Neid anderer zu kümmern oder zu sorgen. Denn Neid ist immer der Ausdruck eines Minderwertigkeitskomplexes.

Ich verstehe daher viele Menschen überhaupt nicht, die alles, was sie bekommen können, nehmen, ohne je daran zu denken, auch von sich aus etwas zu geben.

Alles, was lebt, braucht Erfolg. Jeder Halm, jede Knospe, jeder Baum, jedes Tier, jeder Mensch, ob jung oder alt, braucht Erfolg. Erfolg ist Leben; denn Leben heißt wachsen. Alles, was lebt, entwickelt sich unaufhaltsam fort und weiter – in eine ungesteuerte oder in eine gesteuerte Richtung. Wichtig ist die Tatsache, daß alles unaufhaltsam wächst. Deshalb geht es uns also nicht um den einmaligen Erfolg, sondern um einen lebenslänglichen Wachstumsprozeß.

Lebenslänglich harmonisch wachsen und erfolgreich sein kann aber nur der, dessen Erfolg aus dem Inneren erwächst. Andauernder Erfolg ist darum eine Frage unseres Denkens, unserer Weltanschauung und unserer ganzen Persönlichkeit.

Wer nicht an den Sinn seines Lebens glaubt, für den muß der Glaube an das Gute suspekt sein. Wer nicht an eine positive Weiter- und Höherentwicklung glaubt, ist auf Dauer nicht positiv motivierbar. Darum ist die Frage nach unserer Weltanschauung im Grunde die Kernfrage, die über den Wert eines Erfolgssystems entscheidet.

*Den Fortschritt in Wissenschaft und Technik – und den daraus gewachsenen Wohlstand – sollten wir als einen Wert, als Zeichen fortschreitender menschlicher Kultur betrachten.*

Manche Esoteriker können oder wollen oft nicht verstehen, daß das Streben nach Vollkommenheit keine Weltflucht erfordert. Es besteht vielmehr in der Verwirklichung unserer Ideale und Ziele hier in dieser Welt. Das Streben nach Wohlstand und Wohlergehen, welches wir heute mit dem Streben nach höherem Lebensstandard bezeichnen, braucht also nicht Ausdruck einer materialistischen Gesinnung zu sein, sondern ist in sich gesehen – ethisch und religiös – ein Wert.

Die christliche Glaubenshaltung bekennt sich zu einem Gott, der Schöpfer des Himmels und der Erde ist. Also Schöpfer einer sichtbaren und einer unsichtbaren Welt. Wir wollen auch die üblich gemachten Unterscheidungen zwischen geistiger und körperlicher Arbeit nicht überspitzen, da der Mensch als Leib-Seele-Wesen bei allem, was er tut, stets geistig und körperlich tätig ist.

Es kann sich also nur darum handeln, daß gewisse Tätigkeiten eine vorwiegend geistige oder vorwiegend körperliche Arbeit darstellen. Einen Wert stellt das eine wie das andere erst dadurch dar, daß es durch einen Menschen wertvoll gemacht wird.

Beruf nennen wir jene Tätigkeit, die unser Leben mehr oder weniger ausfüllt und eine Lebensaufgabe oder eine Lebensstellung vermittelt, da normalerweise der Erwerb des Lebensunterhaltes damit verbunden ist.

In der Arbeit sind drei Elemente enthalten:

zunächst das Element des Lebensunterhaltes,
zweitens der Dienst in und an der Gemeinschaft
und drittens die Lebensentfaltung jeder Persönlichkeit.

*Wenn sich Gott den Menschen zum Bilde geschaffen hat, wenn Gott selbst den Menschen als Mitarbeiter in dieser Welt respektiert, sollten auch wir die Arbeit und den Beruf des Menschen als einen großen Wert respektieren. Wir sollten erkennen, daß jeder, der sich seiner Aufgabe, seinem Talent und seinem zugewiesenen Platz entzieht, nicht im Einklang mit der Natur lebt.*

Vielmehr entspricht es dem Plan der Schöpfung, daß sich die Menschen in ihrer täglichen Arbeit bilden und vervollkommnen. Arbeit ist daher für uns die bewußte, ernsthafte objektbezogene Beschäftigung geistiger und körperlicher Fähigkeiten des Menschen zur zweckmäßigen Verwirklichung von Werten, die der Sinnerfüllung des Menschen selber sowie der menschlichen Gesellschaft dienen.

Dieses bewußte Tätigwerden ist allein ein Vorrecht des Menschen.

Weiterentwicklung in Wissenschaft und Technik durch den Menschen ermöglicht auch seine persönliche Weiter- und Höherentwicklung. Darum muß es das ständige Bemühen des Erfolgssystems sein, jedem die Chance der Höher- und Weiterentwicklung bewußtzumachen. Wie sagt doch Robert Jungk in seinem Buche ›Vom Jahrtausendmensch‹:

*»Denkbar wäre ein weltweites Projekt für jedermann. Es sollte die verborgenen, die verschütteten, verkrüppelten Fähigkeiten zahlloser Persönlichkeiten entwickeln, die durch falsche Erziehung oder soziale Zurücksetzung um ihre Selbstverwirklichung betrogen wurden.«*

*»WÜNSCHEN, PLANEN, WAGEN, SIEGEN«*

Dies sollte Ihr Lebensmotto sein – damit Sie nicht zu den Betrogenen gehören. Ihnen dabei zu helfen, ist Aufgabe dieses Buches.

# Ist unser Leben nur ein Verbrennungsprozeß?

Das Leben ist schön – das Leben ist schwer – das Leben ist zu kurz – Leben – was ist das eigentlich?

Leben ist eine Kraftäußerung – das Leben ist letzten Endes nichts anderes als ein Verbrennungsprozeß. Wäre das Leben wirklich nichts anderes als ein Verbrennungsprozeß, müßte es sinnlos und damit wertlos sein. Ich glaube fest daran, daß das Leben eines jeden Menschen einen Sinn hat und daß jeder Mensch seinem Leben Sinn und Wert geben kann.

Diesen Sinn zu erkennen und seinen Weg zu gehen – das ist die Aufgabe, die sich jeder Mensch bewußt stellen sollte. Wir wissen, daß der Mensch das einzige Wesen ist, das über sein Tun nachdenken kann. Ist es richtig, wie ich lebe?

Was könnte ich in meiner Lebensführung verbessern?

Wie kommt mehr Übersicht und Gelassenheit in mein Leben?

Vor einigen Jahren hörte ich in einem Wiener Kabarett den schockierenden Satz:

*Immer mehr Menschen wissen weniger, was sie wollen. Aber das betreiben sie mit besonderer Hektik!*

Das vorliegende Buch will Ihnen Anregungen geben, über Ihr Leben und über Ihre Ziele und Wünsche nachzudenken. Damit Sie klarer und entschiedener Ihre Ziele verfolgen können. Es ist ein Ausdruck geistiger Mündigkeit, nach dem Sinn seines Lebens zu suchen.

*Mensch sein heißt fragen.*

Fragen zum Beispiel nach der Bedeutung seiner Existenz.

Findet der Mensch einen Sinn in seinem Tun, ist er auch bereit zu verzichten. Findet aber der Mensch keinen Sinn, so sucht er den Rausch in den verschiedensten Formen. Unsere Wohlfahrtsgesellschaft kann all unsere Bedürfnisse erfüllen. Nur ein Bedürfnis nicht: Es gibt noch kein Kaufhaus, in dem man den Sinn des Lebens kaufen kann.

*Wir wissen heute genau, wovon wir leben. Aber wissen wir auch ebenso, wofür wir leben?*

Sich selbst zu finden und zu verwirklichen ist der tiefere Sinn der Arbeit an der eigenen Person. Es gibt keinen Menschen, für den das Leben nicht eine Aufgabe bereit hat. Ich kann mein Leben dadurch wertvoller machen, daß ich mich nicht beklage, sondern etwas tue. Daß ich ein Ziel verwirkliche, an einer Aufgabe arbeite oder ein Werk schaffe. Denn immer, wenn ich etwas tue – also handle –, erfahre ich mich selbst und die anderen. Unser Ideal ist der Mensch als Gestalter und – wenn es nötig ist – als Umgestalter der Wirklichkeit.

Viele vertreten die Meinung, die Menschen seien nichts als Opfer der Verhältnisse. Mit den hier aufgeführten Gedanken werde ich Ihnen immer wieder bewußtmachen, daß jeder von uns durch die Kraft seines Denkens Mitgestalter seiner Zukunft sein kann. Jeder sollte daher sein Leben nicht nur analysieren, sondern aktiv mitbestimmen. Nicht nur über die Mitbestimmung reden, sondern die Fähigkeiten zur Mitgestaltung nutzen.

Der Mensch ist nicht nur ein reagierendes oder sich abreagierendes Wesen, sondern ist auch ein mitbestimmendes Wesen.

Erst im Dienst an einer Aufgabe wird der Mensch zum Menschen, wird er ganz er selbst.

Ein Mensch, der mit seiner ganzen Kraft an seiner Aufgabe arbeitet, findet seine Identität ganz von selbst.

Karl Jaspers formulierte dies kurz und treffend:

> *»Was der Mensch ist, das ist er durch die Sache, die er zu der seinen macht.«*

Trotz großer Hektik und zuviel Arbeit tragen viele Menschen in sich ein Gefühl der Leere. Wozu das alles? Lohnt sich die Mühe?

Dazu C.G. Jung:

> *»Sinn macht vieles, vielleicht alles ertragbar.«*

Ein großes Ziel unseres Strebens ist, belastbar zu sein und zu bleiben und die Kräfte zu aktivieren, die uns befähigen, selbst schwerste Schicksalsschläge zu ertragen.

Ein Unterschied zwischen Menschen und Tieren ist, daß kein Instinkt dem Menschen sagt, was er tun muß. Auch die Kräfte der Tradition sagen ihm nicht mehr, was er tun soll. Daraus folgt, daß viele nicht mehr wissen, was sie sollen und was sie wollen.

Vor mehr als 80 Jahren führte Sigmund Freud den Begriff des Unterbewußtseins in die wissenschaftliche Psychologie ein. Unser Intellekt kennt die Bedeutung des Unterbewußtseins. Doch vielen fehlt noch der Mut, ihr Unterbewußtsein anzusprechen, um es vor den Lebenswagen zu spannen.

Alle Genies haben ihre gigantischen Leistungen nur durch die Mithilfe ihres Unterbewußtseins vollbracht. Aktivieren Sie ständig Ihre Intelligenz, aber bedenken Sie auch, daß erst die Kräfte des Unterbewußtseins Ihren Schicksalsweg bestimmen.

## Das Leben ist ein Teufelsrad – je nachdem, wo man steht und wie man sich durchwirbeln läßt ... es kann aber auch zum Glücksrad werden.

Haben Sie auf einem Kirmesplatz schon einmal ein Teufelsrad gesehen oder gar betreten? Ein Teufelsrad ist eine große, runde rotierende Holzscheibe, die sich zur Mitte hin leicht erhöht. Man springt auf den Plattenrand und versucht – indem man in Gegenrichtung läuft – sich auf dieser Drehscheibe zu halten. Da das Teufelsrad immer schneller rotiert, ist man gezwungen, ihm immer schneller entgegenzulaufen, immer schneller, immer schneller ... und irgendwann wird man hinuntergeschleudert. Nur wer es schafft, in die Mitte der Scheibe zu kommen, kann sich ruhig niederlassen und dem turbulenten Treiben lächelnd zusehen.

Ist nicht unser hektisches Leben vergleichbar mit diesem Teufelsrad? Aber wer die Mitte – seine Mitte – erreicht hat, dem bereitet das Balancehalten keine Schwierigkeiten mehr. Während die anderen sich immer mehr abhetzen müssen, sich immer toller anstrengen müssen, um zu ihrer Mitte zu kommen, kann der Mensch, der seinen Mittelpunkt erreicht hat, sogar anderen noch eine hilfreiche Hand reichen, um sie zu sich heranzuziehen.

Für uns kommt es also darauf an, diesen Ruhepunkt der inneren Sicherheit zu finden. Auch in einem Orkan ist im Mittelpunkt, im »Auge«, absolute Ruhe. Wer dieses Zentrum in sich gefunden hat, kann im größten Wirbel Ruhe und Sicherheit ausstrahlen.

Es gibt viele Menschen, die den Weg zur eigenen Mitte mit den heute sehr aktuellen buddhistischen Entspannungsmethoden suchen. Ich lehne nach bester Kenntnis und Erfahrung diese Methoden, ihre Anwendung und Wirkung ab.

Warum?

Seit frühester Jugend beschäftige ich mich mit dem Buddhismus und dem Hinduismus und bin fasziniert über die jahrtausendealte Kenntnis des Bewußtseins und des Unterbewußtseins. Die Techniken der Yogis beweisen, welche Macht das Bewußtsein über den Körper erlangen und zu welcher geistigen Entfaltung man durch die Körperbeherrschung kommen kann. Nur wer es lernt, seinem Körper Disziplin und Beherrschung aufzuerlegen und sich nicht von ihm traktieren zu lassen durch permanente Wünsche oder Krankheiten, läßt den Geist über die Materie siegen.

Heute kann man an vielen Orten Buddhastatuen und Bildmotive sehen, die diese innere Ruhe und Entspannung auf die Betrachter überstrahlen sollen. Wer sich aber nur mit Zen oder Transzendentaler Meditation etc. beschäftigt, wird wahrscheinlich ahnen, warum ich diese Methoden ablehne. Sie bewirken eine Ruhestellung von Körper, Geist und Seele mit dem Ziel der All-Eins-Bewußtwerdung mit allem Seienden und mit dem Schöpfer. Mehr nicht – aber auch nicht weniger. Wir dagegen vertreten die Auffassung, daß dieses irdische Leben sich im Hier und Jetzt abspielt, folglich auch hier gemeistert werden muß. Dieses Leben ist ein Auftrag, den es zu erfüllen gilt. Diesen Auftrag erfüllen kann man nur dann, wenn man eine klare Zielvorstellung entwickelt und ihr nachgeht, trotz aller Probleme und Entsagungen. Unsere Methode geht deshalb immer wieder darauf hinaus, als Basis die Entspannung des Dreiklangs:

*Körper,*
*Geist*
*und Psyche*

zu erreichen. Jedoch mit der Verstärkung des Wunsches der Selbstverwirklichung, also seiner individuellen Zielerreichung. Der Buddhismus negiert, was wir »das Leben« nennen. Er erstrebt Wunschlosigkeit und das Freiwerden aller Bedürfnisse, also das Aufhören von Interessen, Neigungen, Wünschen und

Zielen. Das Enden allen Verlangens ist in dieser Religion der anzustrebende Glückszustand. Wir sahen in der Erreichung unserer weltlichen Ziele einen wesentlichen Glückszustand, auf dessen Basis das Erkennen des eigenen Ichs, des Lebensinhaltes und des Lebenssinns parallel läuft. Unser Glück ist die Lebenswunscherfüllung, nicht die Entsagung. Wir erstreben – wie die östlichen Religionen – das All-Einssein des Menschen mit sich, mit seinem Schöpfer und seinen Mitmenschen und der Natur. Aber nicht das bloße Sein – sondern das Tun. Wir wollen werden und wachsen. Von der Person zur Persönlichkeit. Vom Menschen zur Individualität.

Wir füllen den Geist mit neuen Ideen und neuen Zukunftsprogrammen, nachdem wir ihn und den Körper vorher entspannt haben und den Geist sich auf einen Punkt konzentrieren ließen.

Entspannung ist absolut notwendig. Darin sind sich die westliche und die östliche Lehre einig. Kein Mensch kann unter permanenter Anspannung leben – und glauben, damit glücklich und harmonisch zu werden. Die meisten östlichen Lehren sind jedoch auf die Abkehr von vielen weltlichen Dingen gerichtet – wohingegen wir eine konzentrierte Zulenkung auf unser Lebensziel bewirken.

Das Unterbewußtsein ist eine ungeheure Kraft. Dessen sind sich westliche wie östliche Methoden einig – und in der Hinsicht waren uns die östlichen Lehren um Jahrhunderte voraus. Wir machen das Unterbewußtsein zu unserem besten Mitarbeiter und Freund, indem wir wissen, daß es ein Reflektor all unserer Erlebnisse und Eindrücke ist. Deshalb versuchen wir, durch die angewandte Erfolgsphilosophie Positives und Zielstrebiges in unser Unterbewußtsein zu versenken. Wer einen Kampf gewinnen will, muß die Mittel dazu haben. Eine unserer schärfsten Waffen gegen das rasende Teufelsrad des Alltags ist die Meditation. Mit unserer Technik lernen Sie, schnell in den Alphazustand zu kommen, also in den Gleichstrom der Gehirnschwingungen, um dann neue Ideen, neue Wege und neue Möglichkeiten zur Lösung Ihrer persönlichen und beruflichen Probleme durch die Meditation zu erzielen. Wir arbeiten Probleme auf und werden Meister unserer Sorgen. Der bloße Versuch des Loslassens unserer vorhandenen Sorgen und Probleme ändert sie überhaupt nicht. Spätestens bei Beendigung der östlichen Meditation sind die Probleme ebenso ungelöst wieder in unserem Bewußtsein wie vorher.

Nur der Mensch ist glücklich, der seine Daseinsprobleme meistern kann. Nicht Wunschlosigkeit ist unser Weg, sondern im Gegenteil Wunscherfüllung. Aber keine Wunscherfüllung auf Kosten anderer, sondern aus eigener Kraft. In der Tiefenentspannung wächst uns die innere Ruhe und Kraft, um uns in der Mitte des Teufelsrades aufzuhalten. Es kann sich dann noch so hektisch und bewegt um uns herumdrehen, wir bleiben in der Mitte, weil wir gelernt haben, täglich in unsere Mitte durch die Entspannung zurückzukehren. Das Leben ist vergleichbar mit einer Drehscheibe – und zwar für jeden Menschen. Wir empfinden es nur dann als Teufelsrad, wenn wir an der falschen Stelle stehen und unsere ganze Kraft dazu verwenden müssen, nicht aus der Balance zu geraten. Haben wir jedoch unseren Standplatz – dann wird diese Drehscheibe zum Glücksrad unseres Lebens.

**Erfolgsrezept**

**Für den Sieg gibt es keinen Ersatz.**

# Tägliche Erneuerung durch Alphatraining

Wir leben im Zeitalter des Fortschritts und der fortschreitenden Innovationen. Unsere Autos fahren heute zum Beispiel mit dem gleichen Energieverbrauch weiter und schneller als noch vor einigen Jahren. Neben leistungsfähigeren Motoren wird diese Verbesserung durch Karosserien bewirkt, die windschlüpfriger sind. Das heißt, man baut hindernde Widerstände ab. Im Flugzeugbau und bei allen anderen hochtourig laufenden Maschinen geschieht das gleiche zur Verbesserung:

## Abbau von Widerständen

Wie sieht es nun aber mit dem Fortschritt der Menschen aus? Gibt es heute weniger Probleme, weniger Streit, weniger Vorurteile und weniger Krankheiten?

Leider nicht. Im Gegenteil hat man den Eindruck, als würden bei den Menschen die Widerstände noch wachsen, statt vernünftigerweise weniger zu werden.

Widerstände entstehen immer dann, wenn man beurteilt oder verurteilt, in Opposition geht oder nicht genügend Abstand bewahrt. Der erfolgreiche Mensch sollte jedoch ein Meister sein in der Kunst, Widerstände und Vorurteile abzubauen. Denn Widerstände erschweren das Leben, Widerstände sind wie Bleischuhe auf unserem Wege. Leider gibt es immer noch zu viele Menschen, die glauben, das Leben sei ein einziger Kampf. Und so kämpfen sie denn auch gegen alles und jeden. Gegen den Partner, gegen den Chef, gegen den Kunden, gegen Atomkraft, gegen Nachbarn, Lehrer und Ansichten von anderen. Das einzige, was sie damit aufbauen, sind ständig größere Widerstände und höhere Mauern. Statt dessen sollten wir wie in der Technik auch in unserer persönlichen Technik überall prüfen, wie wir immer weniger Widerstände erzeugen können. Es verbinden uns mit Menschen grundsätzlich nur die Gemeinsamkeiten, nicht die Auseinandersetzungen – und seien sie noch so intellektuell. Darum sollten wir nicht gegen andere kämpfen, sondern gemeinsam versuchen, unsere gemeinsamen Ziele zu erreichen. Wieviel Kraft und wieviel Energie könnten wir damit sparen. Ohne Mehraufwand würden wir sehr viel höhere Ziele schaffen, da wir einfach effizienter wären.

## Seit wann hat sich in Ihrem Leben nichts mehr geändert?

Vielleicht können Sie sich vorstellen, wie irritiert einige Personen reagieren, wenn ich Ihnen diese Frage stelle. Wir wollen alle so viele Dinge ändern, speziell an anderen. Bei unserer allzu großen Aktivität vergessen wir meist den leichtesten Weg, etwas zu verändern. Der leichteste Weg heißt nämlich, sich selbst zu verändern. Nichts ändert sich, außer ich ändere mich. Solange ich festhalte an meiner Starrheit, Überheblichkeit, Kompromißlosigkeit, Unnachgiebigkeit, leichtem Beleidigt- oder Verärgertsein kann sich weder in mir und erst recht nicht im Verhältnis zu meinen Mitmenschen etwas verändern.

Je sympathischer, offener und widerstandsfreier jedoch ein Mensch ist, um so eher ist man geneigt, ihm zu helfen, ihn zu unterstützen und ihn zu fördern. Dadurch kommt es für ihn zur Entwicklung, zum Fortschritt und Erfolg. Das Rezept lautet:

*»Abbau von Widerständen«*

Je tiefer ein Mensch in sich ruht, um so mehr ist er mit seinem kollektiven Unterbewußtsein – und dadurch mit allen anderen Menschen verbunden. Je mehr der Mensch aber nur in seinem Kopf lebt und seine Andersartigkeit betont, um sich von den anderen abzuheben, um so größer wird der zwischenmenschliche Trennungseffekt.

Viele Menschen steuern oft schon unbewußt einen Gegenkurs, bevor sie auf andere treffen. Wirklich erfolgreich können wir aber nur sein, wenn wir uns offen und ohne Vorbehalte zu unserer Aufgabe bekennen und wenn wir durch unser Handeln anderen Personen Nutzen und Vorteile bringen wollen und jede zwischenmenschliche Begegnung unter dieses Lebensmotto stellen.

## Sich befreien und öffnen

Das mentale Training – wie wir es regelmäßig üben – wirkt zuerst nach innen. Es verändert unsere Innenwelt, indem wir harmonischer, freier und vollkommener werden. Dann wirkt diese Form der Tiefenentspannung mit der gleichen Intensität nach außen. Wir entziehen uns also nicht der Welt, sondern reinigen uns erst von negativen Eindrücken und Verkrampfungen. Dann wirkt unser mentales Training – durch eine positive Suggestion – kräftigend und stärkend nach innen und nach außen. Denn stark müssen wir sein, wenn wir die Welt nicht so hinnehmen und ertragen wollen, wie sie sich nun immer wieder bietet, sondern sie mitgestalten wollen, wie es zu unserer Aufgabe gehört.

## Wer seinen Mittelpunkt findet – wird auch für andere zum Mittelpunkt.

Viele Menschen haben eine unbewußte Angst vor der Entspannung. In ihrer Vorstellung ist Entspannung identisch mit langweilig, uninteressant, phlegmatisch, unaktiv – und damit unnötig. Aber das genaue Gegenteil ist der Fall. Ein Mensch, der in sich ruht, ist faszinierend, konzentriert und zieht dadurch die Aufmerksamkeit anderer auf sich und steht – ohne daß er es erkämpft – im Mittelpunkt. Im Gegensatz dazu steht der oberflächliche, aktive, verspannte Mensch. Von innerer Unruhe getrieben, bringt ihm seine Geltungssucht immer größere Hektik. Seine Stimme wird hoch und schrill, und seine Augen sind unruhig. Seine Augenlider zucken nervös, und da er selbst keine Tiefe besitzt, erreicht er auch bei anderen nur die Oberfläche. Sie erkennen solche Menschen oft daran, daß sie allen Menschen raten und helfen wollen. Wer aber immer und überall alles viel besser weiß, sagt unbewußt:

> *»Sieh her, bemerke, wie groß ich bin, und spüre, wie klein du bist. Darum werde ich dir etwas raten.«*

Wer wirklich an den anderen Menschen glaubt, weiß, daß in diesem ebenso alles angelegt ist und er nur den Mut braucht, seinen eigenen Weg zu gehen. Dazu sollten wir andere anhalten, sich zu befreien, statt durch uns beengt zu werden.

*»Wenn wir davon ausgehen, daß alles in uns ist«,*
sagt Milton H. Erickson,
*»sollten wir uns die Frage stellen, was wir tun können, um dieses Wissen bewußtzumachen.«*

Es kann uns deshalb auch nur dann etwas einfallen, wenn wir frei und geöffnet sind. Je mehr nun der Mensch im Alphazustand ist, um so mehr ist er in der Lage, Informationen von außen oder von innen zu registrieren. Ein hektischer Mensch dagegen dreht sich im Kreis – wie ein Zirkuspferd –, bemerkt aber nicht, was im Grunde vorgeht und kann deshalb auch nicht zielbewußt steuern. Ein solcher nervöser und hektischer Betamensch versucht nun in der Regel, diese Fehler durch noch mehr Arbeit und Fleiß wettzumachen. Um so mehr er das Tempo und damit die Nervosität steigert, um so zielloser wird sein Denken und Handeln.

**Hektik macht verdächtig. Hektik und Unruhe haben immer mit Angst zu tun.**

Schon von frühester Kindheit an versucht man uns fehlerfrei zu machen. Fehler gehören aber zur Entwicklung wie Erfolge. Deshalb sollten wir die Angst vor den Fehlern verlieren. Schon in der Bibel steht die Erkenntnis, daß selbst der Gerechte siebenmal am Tage sündigt. Das sagt uns, daß selbst der beste und tüchtigste Mensch Fehler macht, egal auf welcher Stufe der Entwicklung wir uns befinden.

Je nervöser und angespannter Sie sind, um so mehr Fehler machen Sie und jeder andere Mitmensch auch. Ein ruhiger, ausgeglichener und entspannter Mensch reagiert und handelt mit Weisheit und Gelassenheit.

Vergleichen Sie Ihre Umwelt mit all ihrer Reizüberflutung mit einem Gebirgsbach während eines regnerischen Unwetters. Das Wasser überschlägt sich, braust den Berg hinunter und nimmt Geröll und Lehm mit sich. Durch die Hektik wird das Wasser immer lehmiger, schmutziger und trüber. Dieses aufgeschäumte Wasser fließt endlich in einen stillen See – und kommt zur Ruhe. Die Fremd- und Schadstoffe sinken langsam auf den Grund des Sees, und das Wasser beginnt, sich zu beruhigen. Es wird wieder klar und durchsichtig.

So geht es auch dem Menschen im Alphatraining. Alles Unwichtige und Nebensächliche lagert sich ab. Bewußtsein und Unterbewußtsein werden wieder klar und durchschaubar. Er kann sich wieder auf seine wirklichen Aufgaben – spannungsfrei – konzentrieren. Alphatraining – so wie wir es verstehen – ist ein Reinigungsprozeß. Es heißt, seinen Weg weise zu erkennen, zu denken und weise zu handeln. Der Alphamensch meistert die Aufgaben seines Lebens besser, weil er seine innere Welt regelmäßig stärkt. Sich selbst zu kultivieren ist die wichtigste Kultur.

## Loslassen

Kultur ist eine umfassende Geistesbildung, die man durch dreifache Bemühung erwirbt: durch Wissen, Handeln und Verinnerlichung. Das Ziel ist eine harmonische Entwicklung der eigenen Persönlichkeit und das Bekenntnis zu einer Aufgabe gegenüber seiner Umwelt. Unser tägliches Leben gibt uns aber nicht immer diese dreifache Harmonie und Ausgewogenheit. Darum müssen wir uns regelmäßig aus der Hektik ausklinken, um unsere Kräfte wieder zu dieser Einheit zusammenzufassen. Die Kräfte des Geistes, des Körpers und der Seele. Wir alle wissen, daß eine Handlung um so eher ihre beabsichtigte Wirkung erzielt, je länger – und konzentrierter – sie gedanklich vorbereitet wurde. Darum muß ein Mensch, der mit den tausend Verdrießlichkeiten des Lebens zu kämpfen hat, sich diese beruhigende Geisteshaltung erwerben, die immer wieder dazu anregt, Dinge von einer höheren Warte zu betrachten. Das Gelingen einer Aufgabe besteht vor allem darin, sich so frei wie möglich von allen belastenden Problemen zu machen. Sonst zersplittern wir unsere Energie, und der Erfolg bleibt aus. Der Alphamensch unterscheidet sich von der Masse dadurch, daß er gelernt hat, seine Energien immer wieder neu zu laden, zu speichern und zu bündeln. Dadurch kann er auch schwierige und sogar äußerst unangenehme Situationen durchstehen. Es ist die ruhende Überlegenheit, die von ihm ausgeht.

## Wie erreichen wir das Loslassen aller Anspannungen und Widerstände?

Geschenkt wird es uns nicht. Alles, was wir erreichen wollen, setzt übendes Bemühen voraus. Beginnen Sie, indem Sie die nachfolgende Suggestion nicht nur bejahen, sondern auch auswendig lernen. Bevor Sie nun die Suggestion laut aussprechen, sollten Sie üben, mit ruhigen Augen einen bestimmten Punkt zu fixieren. Ruhige Augen erzeugen ruhiges Denken. Und sobald die Atmung sich vertieft, gleiten Sie von der hochschwingenden Betafrequenz in Alpha. Jetzt erst sprechen Sie mit weicher Stimme die Autosuggestion, indem Sie mit Ihren Augen weiterhin den Punkt fixieren.

Dann schließen Sie Ihre Augen, atmen tief aus, langsam und sehr tief wieder ein. Sie halten die Luft an, dann ballen Sie die Hände zur Faust und spannen alle Muskeln Ihres Körpers 15 – 20

Sekunden an und halten diese Spannung. Befreiend atmen Sie wieder aus.

Diese Übung regt die Kräfte des Willens an. Sie werden erstaunt sein, mit welcher Ruhe und Konzentration Sie Ihre Arbeit weiter fortsetzen können. Möglichst zwei- bis dreimal täglich sollten Sie diese Übung wiederholen. Auch gerade an den Tagen, an denen Sie glauben, es sei nicht nötig. Passivität und Disziplinlosigkeit ist Rückschritt. Eine Autosuggestion zu erlernen und immer wieder selbstmotivierend auszusprechen ist eine konzentrierte Selbstdisziplin.

Da die Entwicklung der menschlichen Persönlichkeit das höchste Ziel ist, wird der Mensch nur dann in Frieden mit sich selbst leben, wenn er ständig diesem Ideal entgegenwächst.

**Die Konzentrationssuggestion**

**Werde der, der Du in Wirklichkeit bist.**
**Höre auf, Dich wie ein Wirbelwind herumtreiben zu lassen.**
**Festige die Ruhe, verankere Dich in Dir selbst. Die Arbeit an Dir ist Freude und Pflicht!**
**Laß Dich durch nichts und niemand aus dem Gleichgewicht, aus Deinem Mittelpunkt, werfen.**
**Ruhe und Geduld sind Dir Wegweiser zum Glück und zum Erfolg. Zur Meisterung des Schicksals gehört Konzentration. Konzentration – und immer wieder – KONZENTRATION.**

# Vom Unfug der Überbelastung

Sind Sie überbelastet?

Immer? Zeitweise?

Warum?

Sind Sie daran schuld oder Ihre Umwelt?

Man muß seine Probleme erkennen, um wirkungsvoll etwas dagegen zu tun.

Ermitteln Sie deshalb erst einmal sehr ehrlich den Stand Ihrer persönlichen Überbelastung. Erstellen Sie einen Statusreport und führen Sie sich die Negativpunkte sichtbar vor Augen.

»Ich bin am Ende. Es geht über meine Kräfte. Wenn das so weitergeht, drehe ich noch durch. Ja, wenn das so weitergeht . . .«

Es hat den Anschein, als würde unser Leben immer schneller und hektischer, als würde unsere Verantwortung immer größer. Unsere Zivilisationskrankheiten stellen einen deutlichen Beweis dar, daß im Leben vieler Menschen etwas aus der Ordnung gekommen ist.

Das Yin-Yang-Symbol für den erfolgreichen Menschen mahnt uns, täglich im Gleichgewicht zu bleiben. Im Gleichgewicht zwischen Geben und Nehmen, zwischen Aktivität und Muße. Viele Menschen sind zu Erfolgsneurotikern geworden, sie streben nach dem totalen Erfolg und vergessen das Verhältnis 10 : 6 – 4. Auch wenn Sie noch so gut und genial sind, vier Mißerfolge bei zehn Aktivitäten bleiben. Auch dann, wenn Sie sich zu Tode arbeiten.

1. Wie lange arbeiten Sie im Durchschnitt täglich? Wie viele Stunden sind das?
2. Arbeiten Sie auch außerhalb der normalen Arbeitszeit?
   Oft – manchmal – nie?
3. Haben Sie Ihre Arbeitszeit planmäßig eingeteilt?
4. Ist Ihre Arbeitsweise zu vielseitig oder zu eintönig?
5. Ist Ihr Arbeitstag zu kurz?
6. Wer teilt Ihre Arbeit ein?
7. Haben Sie bei Ihrer Arbeit die notwendige Unterstützung?
8. Worin besteht Ihrer Meinung nach Ihre Überbelastung?
9. Wie motivierend ist Ihr Betriebsklima?
10. Welche Arbeit strengt Sie besonders an?
11. Was machen Sie neben Ihrem Beruf?
12. Gehen Sie abends aus? Wie oft im Monat?
13. Wie erholen Sie sich am besten?
14. Was halten Sie vom Mentalen Training?
    Wie oft setzen Sie es ein?
15. Wie halten Sie es mit der Weiterbildung?
    Oder sind Sie nur fleißig?
16. Wie halten Sie es mit Freizeit und Urlaub?
17. Können Sie in Ihrer Freizeit alle beruflichen Gedanken und Sorgen vergessen?
18. Wie schnell können Sie einschlafen?
19. Wie oft wachen Sie nachts auf?
20. Nehmen Sie Aufputschmittel?
21. Wie oft nehmen Sie Schlaftabletten?
22. Wie viele Tassen Kaffee trinken Sie am Tag?
23. Worin sehen Sie das wirksamste Mittel gegen Ihre Überbelastung?

Derjenige Mensch lebt viel besser, der sich eingesteht, daß er noch nicht vollkommen ist. Daß er auch etwas falsch macht, fehlerhaft handelt. Vor lauter Streben nach dem Absoluten verlieren die Menschen ihre Belastbarkeit.

Gut sein – ja – verbessern – ja – aber nicht mit dem Kopf durch die Wand gehen. Wenn wir nun einmal das Syndrom der Überbelastung rational analysieren, erkennen wir vier Grundübel. Die Ursachen der Überbelastung:

1. Überforderung
2. Angeschlagene Gesundheit
3. Keine Arbeitseinteilung
4. Angst jeglicher Art

## Punkt 1: Die Überforderung

Da viele Menschen weder ihre Schwächen noch ihre Stärken genau kennen, zwingen sie sich zu Fleiß und Aktivität. Fleiß und Aktivität führen aber nur dann zum gewünschten Erfolg, wenn wir im Einklang mit unserer Begabung an unseren Zielen arbeiten.

Fleiß allein kann auch zum Herzinfarkt führen.

Ihr erfolgreicher Weg wird nicht durch Arbeit dynamischer, sondern allein dadurch, daß Sie sich weigern, sich weiter mit überflüssigen Dingen zu beschäftigen, die vielleicht interessant sind, aber keine Effizienz erbringen, sondern nur Zeit stehlen.

*Rat Nr. 1*

Seine Stärken erkennen, verstärken und nutzen.

## Punkt 2: Angeschlagene Gesundheit

Wer Verantwortung trägt, muß sich frisch und jung erhalten. Wir können nicht ständig Energie und Kraft von unserem Körper verlangen, wenn wir nicht die Voraussetzung dafür schaffen. Wir benötigen einen Körper, der eine überschäumende Vitalität produziert. Glücklich ist immer nur der Mensch, der im Kraftüberschuß lebt. Zudem strahlt Energie unbewußt von innen nach außen. Sorgen Sie dafür, daß Ihre gesunden Organe auch gesund bleiben.

*Rat Nr. 2*

Sorgen Sie durch vertiefte Atmung stets für genügend Sauerstoff im Körper. Treiben Sie Sport, machen Sie täglich Ihren Kopfstand.

## Punkt 3: Keine Arbeitseinteilung

Wir alle haben gelernt, wie man eine Arbeit anpacken soll, um sie zu erledigen, aber nur wenige haben gelernt, ihre Arbeit richtig einzuteilen. Immer wieder sprechen wir über die Möglichkeit und die Vorteile der Rationalisierung. Nur über unseren eigenen Arbeitsrhythmus denken wir zuwenig nach. Wir überlegen nicht, wie wir rationeller arbeiten könnten.

Für unseren persönlichen Erfolg ist die wichtigste Aufgabe das Planen. Wir beschäftigen uns zuviel mit dem Ausführen, aber zuwenig mit dem Planen. Das ist der Grund, warum viele Menschen trotz vieler wertvoller Fähigkeiten sich eher totarbeiten, statt eine Führungskraft zu werden.

Arbeitseinteilung ist Zeiteinteilung. Jeder Arbeitstag hat acht oder zehn Stunden. Jede Stunde hat aber leider nur sechzig Minuten. Verbrauchen Sie keine Energien am falschen Fleck. Vergessen Sie nie, Genauigkeit und Kleinlichkeit sind zweierlei.

*Rat Nr. 3*

Schaffen Sie Zeit für das Wichtigste. Treffen Sie Entscheidungen durch zielorientiertes Planen, dann gewinnen Sie täglich bis zu zwei Stunden an Zeit.

## Punkt 4: Angst jeglicher Art

Ich habe noch nie einen Menschen erlebt, der sich zu Tode gearbeitet hat. Was den Menschen zerstören kann, sind seine Ängste, seine Sorgen, seine Widerstände. Angst ist das Leck in der Nervenbatterie.

Während beim genialen Menschen alles mit Leichtigkeit läuft, fällt dem ängstlichen Menschen alles schwer. Je mehr es uns gelingt, innerlich frei zu werden, um so mehr läuft alles auf gelenkigen Kugellagern.

Überprüfen Sie einmal Ihre Einstellung zu Ihrem Beruf und zu Ihrer Arbeit. Schwer ist nur dann etwas, wenn wir glauben, es sei schwer. Wenn Sie einer hypnotisierten Person einsuggerieren, daß der Stuhl angeklebt sei, er zu schwer zu bewegen ist, dann kann die hypnotisierte Person diesen Stuhl nicht mit all ihrer Kraft bewegen. Suggerieren Sie ihr aber, der Stuhl sei leicht, hebt die Person ihn mit Leichtigkeit, quasi mit einem Finger, obwohl sich sein Gewicht nicht verändert hat.

Glauben wir, daß eine Aufgabe unlösbar ist, so ist sie unlösbar. Glauben wir, daß eine Arbeit schwer ist, so verbraucht diese Vorstellung unsere gesamte Kraft. Darum verwenden Sie auch bei unseren Entspannungsübungen niemals die Autosuggestion: Meine Arme und Beine werden schwer. Sondern stets: Alles wird leicht.

Sie erkennen, daß wir den größten Feind der Überbelastung in uns selbst tragen, es ist der Zweifel an unserer eigenen Person. Der Zweifel an unserer Kraft und unseren Fähigkeiten. Und dieser Zweifel erzeugt die Unlustgefühle und die Ängste, die den Menschen von innen zerstören. Diese Ängste zerfressen seine letzten Kraftreserven.

Vielleicht kennen Sie den Reim:
*»Arbeit macht das Leben süß, macht es nie zur Last. Der nur hat Bekümmernis, der die Arbeit haßt.«*

Darum sollten wir stets aus und mit Freude schaffen. Freude ist die starke Feder in der ewigen Natur. Freude treibt die Räder in der großen Weltenuhr.

*Rat Nr. 4*

Erlernen Sie die Kunst der Selbstmotivation. Betreiben Sie täglich aktive Autosuggestion.

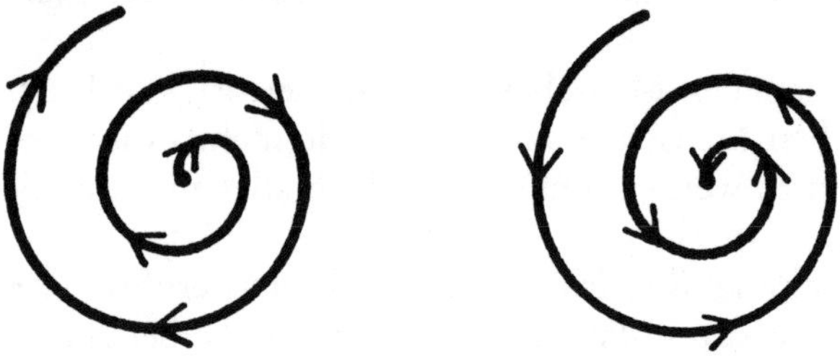

*»Verausgabung«*
*»Kraftentfaltung«*

*»Sammlung« – Innesein«*
*»Kraftaufladung«*

*Abbildung 4*

**Punkt 5: Ihre Aufgaben wachsen**

Die Welt, in der wir leben, ist kleiner geworden. Aber die Aufgaben werden größer. Sie sollten deshalb auf Ihre Aufgaben vorbereitet sein. Wir alle haben die Chance, an unseren Aufgaben zu wachsen. Wir können aber nur wachsen, wenn die Kraft, die wir verbrauchen, auch wieder nachfließt. Denn der verbrauchte Mensch altert vor der Zeit.

Unterscheiden Sie bitte zwischen Erschöpfung und Ermüdung. Ermüdung ist eine notwendige Erscheinung und eine naturnotwendige Voraussetzung, sie führt zum erholsamen Schlaf. Erschöpfung aber baut in einer ständigen Form ab, ohne Regeneration.

*Rat Nr. 5*

Sie sollten täglich sieben bis acht Stunden tief und erfrischend schlafen.

Überbelastung ist der Angriff auf allen Fronten. Unter der Überbelastung leidet sowohl der Betrieb wie die Familie. Faulheit kann eine seelische Krankheit sein. Aber Arbeitssucht ebenso.

Aus der Geschichte kennen wir viele große Persönlichkeiten, denen die Überbelastung unbekannt war. Trotzdem – oder gerade deshalb – haben sie sich neben ungewöhnlichen Leistungen ihre Geisteskräfte erhalten.

Arbeit ohne Freude ist gemein, ist eine so widerliche Angelegenheit, daß man davon krank werden kann. Davon kann man Krebs bekommen, davon bekommt man einen Herzinfarkt. Das Geheimnis aller großen Männer und Frauen ist einfach: sie liebten ihre Arbeit.

Leben Sie von nun an noch stärker nach dem Prinzip der Begeisterung. Begeisterung, das werden Sie sofort erkennen, wirkt nicht nur nach außen. Die Wirkung nach innen ist erstaunlich. Begeisterung lindert nervöse Spannungen, verbessert den Stoffwechsel, regt den Blutkreislauf an, steigert die endokrine Sekretion, gibt Kraft und Energie, hilft der Verdauung, schafft Reserven und erweckt Wohlbefinden.

Eine einflußreiche Persönlichkeit ist nicht überlastet. Sie kennen das Gesetz der Nächstenliebe. Wir sollten damit bei uns selbst anfangen. Sich anstrengen, um sich weniger anzustrengen, das ist die wirkungsvollste Anstrengung.

## Ohne Kraft gibt es keine Bewegung.

Jedes Lebewesen, das etwas bewegen oder etwas verändern möchte, benötigt Kraft und Energie.

Der Mensch unternimmt viel, um zu Kraft zu kommen und sich seine Kraft zu erhalten. Alles dreht sich um dieses Energiepotential, mit dem Leben beginnt – und durch dessen Loslösung von der Materie das Leben aufhört.

Die Physik geht heute davon aus, daß unser Universum durch einen Urknall entstanden ist. Wenn also alles aus einem einzigen Uratom stammt, muß diese Kraft auch in allem vorhanden sein.

Aus allen Religionen kennen wir den Begriff der »Allgegenwart«. Wenn also aus diesem Uratom alles entstanden ist, so ist es auch in allem zu finden. In allem, was wir sehen und berühren. Auch in der Nahrung, die wir täglich zu uns nehmen. Wir essen also nicht nur Brot, sondern nehmen auch die Kraft, die in dem Brot enthalten ist, in uns auf. Ebenso ist es mit den Getränken, mit dem Berühren von Lebendigen, von Pflanzen oder Tieren.

Vor ca. 2 500 Jahren hatten indische Yogis eine geniale Inspiration. Sie erkannten, wenn die universelle Lebenskraft allgegenwärtig ist, dann muß sie auch im Sauerstoff sein. Aus dieser Überzeugung entwickelten die Weisen Indiens ihr geniales Pranajama-System, und sie nannten diese Urkraft *»Prana«*.

Mit jedem Atemzug atmen wir nicht nur Sauerstoff ein, sondern zugleich auch Prana – die universelle Lebenskraft. Diese theoretische Grundkenntnis ist natürlich erst durch die Praxis der entsprechenden richtigen Atmung wirkungsvoll. Die nahezu magische Wirkung des Pranajamas hängt jedoch von unserer Konzentration auf Prana ab. Es ist bei allem die Stärke der Konzentration, die etwas bewirkt. Nun haben wir bei Prana die große Schwierigkeit, daß man sie weder sehen noch riechen kann, und darum ist die Konzentration so erschwert. Um zum Erfolg zu kommen entwickeln wir die Autosuggestion Emil Coués weiter, indem wir uns vorstellen:

*»Ich atme Sonnenkraft ein.«*

Sonnenkraft kann sich jeder deutlich vorstellen und plastisch erleben. Jeder kennt den unvergleichbaren Zauber eines Sonnentages im Frühjahr, der die Frühblüher aus der Erde zieht und die Menschen aus ihren Häusern. Deshalb tritt die Wirkung dieser Suggestion und der Erfolg in kürzester Zeit ein. Denn wo die Sonne scheint, weicht jeder Schatten. Wo die Sonne scheint, weicht die Traurigkeit. Wo die Sonne lacht, verschwinden Depressionen. Wo die Sonne scheint, da wächst das Glück und das Leben.

*»Bewußte oder unbewußte Konzentration ist Verdichtung von Lebensenergie«*

heißt es im 7. Denkgesetz. Deshalb wollen wir mit der Suggestion der Sonnenenergie unsere Lebensenergie stärken. Im 11. Denkgesetz heißt es:

*»Beachtung bringt Verstärkung.«*

Wenn Sie die Übung nur wenige Monate praktizieren, indem Sie langsam einatmen und dabei an Sonnenkraft, also Prana, denken, kommt es bald zu einem Mechanismus.

Das 13. und 14. Denkgesetz macht Ihnen deutlich, warum diese Übung so wirkungsvoll ist. Denn:

> *»Die ständige Wiederholung einer Idee wird zum Glauben, und dieser Glaube wird zur Tat. Konzentration führt zum Erfolg, Wiederholung allein führt zur Meisterschaft«.*

Und darum sollten Sie in Zukunft dreimal täglich 25mal ganz konzentriert, ganz bewußt, Sonnenkraft einatmen.

Bei dieser Übung ist das polare Gesetz von Yin und Yang ebenfalls berücksichtigt. Denn nur, wenn ich einatme, kann ich auch wieder ausatmen. Das eine bedingt das andere. Der erste wirksame Teil der Autosuggestion heißt:

*»Ich atme Sonnenkraft ein.«*

Und der zweite Teil lautet:

> *»Und strahle wie die Sonne.«*

Einatmen und ausatmen . . . Für ein erfolgreiches Leben ist der zweite Teil der Suggestion äußerst wichtig.

*»Und strahle wie die Sonne«.*

Denn wer wie die Sonne strahlt, ist nicht einsam. Wer strahlt, hat keine Kontaktschwierigkeiten und keine Angst. Wer strahlt wie die Sonne, ist überall der beliebte Mittelpunkt, die Kraftquelle, an die sich jeder gerne anschließt. Das ist das Geheimnis der charismatischen Persönlichkeit.

> *»In der Beschränkung zeigt sich der Meister.«*

Wer Großes will, muß sich zusammenraffen und auf einen Punkt beschränken. Erst das bringt wirkliche Konzentration. Deshalb brauchen Sie nicht 50 Suggestionen zu lernen und immer wieder neue zu suchen. Beschränken Sie sich auf diese, die Sie überall denken und vor sich hinsprechen können:

*»Ich atme Sonnenkraft ein und strahle wie die Sonne.«*

## Die erfolgreiche Praxis

Sie atmen zunächst tief aus, dann langsam, riechend und genießend ein. Dann sprechen Sie mit weicher Stimme, die beiden Autosuggestiv-Sätze

*»Ich atme Sonnenkraft ein und strahle wie die Sonne.«*

Die Luft in Ihrer Lunge ist durch das Sprechen ausgeatmet, deshalb ist der Wunsch des Körpers groß, wieder einzuatmen. Sie atmen wieder langsam, riechend und genießend ein und erleben erneut, wie Sonnenkraft in Ihre Lungen einfließt.

Aus- und Einatmung können bei dieser Methode einen langen Rhythmus bilden. Durch diese Übung, die Sie fünfundzwanzig Mal wiederholen sollten, gelangen Sie ohne jede Mühe und Anstrengung in den Alphazustand. Anschließend können Sie, wenn Sie wollen und noch Zeit haben, eine Meditationscassette hören. Wichtig ist, daß Sie die Übung:
*»Ich atme Sonnenkraft ein und strahle wie die Sonne«*,
entweder allein oder vor einer Entspannungsübung praktizieren.

Die Sonne regiert unsere Welt. Sie gleicht einem Dirigenten, einer Königin auf ihrem Thron. Wenn sie eine Entscheidung trifft, gibt es nur ein Signal und schon beeilen sich alle Geister auf dieser Erde, die Befehle auszuführen. Kaum ändert sie etwas in der

Atmosphäre, kommt es zu elektromagnetischen Störungen, was wiederum Veränderungen hervorruft, im Bereich der Pflanzen und Tierwelt, in den Menschen und damit in allen Kreisläufen und Vernetzungen.

Alle wichtigen Erdengeschehnisse gehen ursprünglich von der Sonne aus. Sonnenausbrüche oder Sonnenflecken sind nichts anderes als wirkungsvolle Signale der Sonne.

Wir alle suchen die Sonne und sehnen uns so sehr nach ihr, daß wir weite Reisen auf uns nehmen, um sie zu genießen.

Nie wird die Sehnsucht der Menschen nach Sonne enden, und nie wird das Lob auf die Sonne verstummen.

**Gebet vor der Sonne**

**»Goldene Sonne, riesengroß**
**wie eine Flamme aus Blütenschoß.**
**Held, der schimmernde**
**Strahlen schießt**
**Sonne, die tausend Sonnen umschließt.**
**Ruhig verbreitest Du Dein Licht,**
**Freude verströmt dein Angesicht,**
**Du stehst auf der Schwelle zum jungen Morgen,**
**als hütender Engel vor unseren Sorgen.**
**Deine Strahlen hängen wie Honigfäden**
**in den Gärten zwischen den Reben.**
**Sonne, Du gleichst einer goldenen Trompete,**
**ein Zymbel voll Licht**
**und funkelnder Flöte!**
**Mit erhobenen Händen grüße ich Dich!«**

**Anna de Noailles**

# Die Stufen unseres Bewußtseins und ihre Beeinflußbarkeit

*Wie oft stellen Sie sich die Frage: Warum bin ich eigentlich so, wie ich bin? Warum bin ich nicht ganz anders?*
*Warum habe ich mich gerade wieder so – und nicht, wie geplant – verhalten?*
*Welche Mechanismen zwingen mich, so zu sein, wie ich bin.*
*Und die wichtigste Frage daraus:*
*Welche Möglichkeiten der Selbstkorrektur habe ich?*

## Kann der Mensch zu einem gesunden Selbstwertgefühl gelangen, wenn er sich gar nicht kennt?

Der Schlüssel zu all diesen Antworten unseres Seins liegt nur in uns selbst. Deshalb können auch nur Selbstbeobachtung und -erkenntnis uns den Weg zum eigenen Verständnis weisen. Unsichtbares sichtbar zu machen ist jedoch nicht einfach.

Bei den nachstehenden Modellen geht es darum, die in uns ablaufenden Prozesse zu begreifen und Korrekturen zu erlernen.

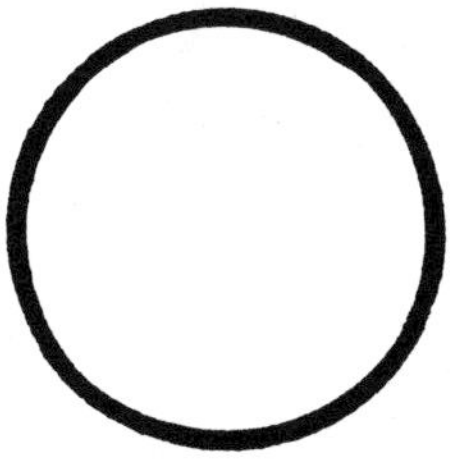

*Der Kreis ist das Symbol für Harmonie und Vollendung*

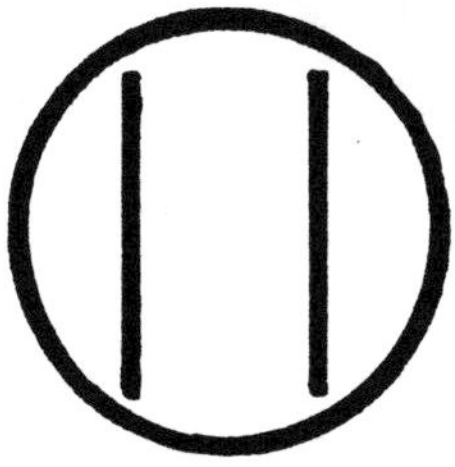

*... mit der körperlichen und seelischen Säule*

*Abbildung 5*

Ein Mensch, der noch in Ordnung ist, wird am besten durch das Symbol des Kreises dargestellt. Der Kreis ist das Symbol für Harmonie und Vollendung. Der gesunde Mensch besteht aus zwei geraden Säulen: dem körperlichen und dem seelischen Menschen.

Solange er lebt, sind Körper und Seele eine Einheit. Erst im Augenblick des Todes tritt eine Trennung ein.

Um unser Leben glücklich zu meistern, müssen die körperlichen und seelischen Kräfte harmonisch miteinander unseren bewußten Willen unterstützen. Das zeigt deutlich, wie die körperliche und seelische Verfassung sich gegenseitig fördern oder hemmen kann.

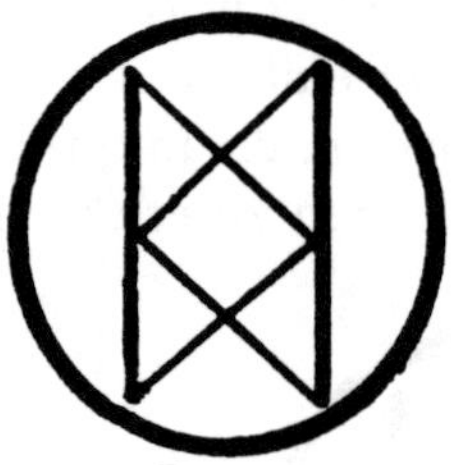

*Körper und Seele beeinflussen sich gegenseitig.*

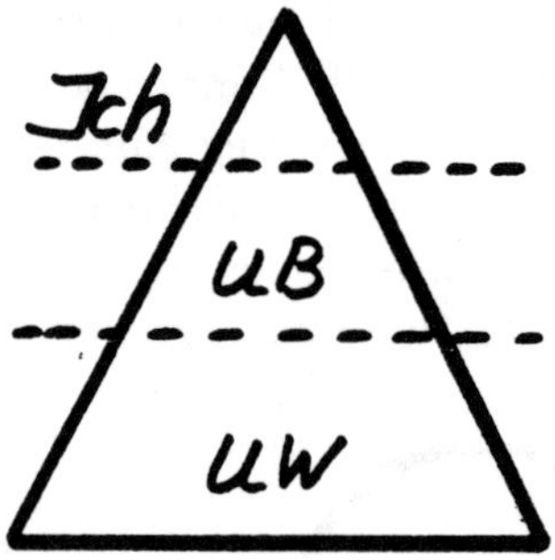


1. *Dreieck: ICH – Urteils- und Kritikvermögen*
2. *Dreieck: Unterbewußtsein*
3. *Dreieck: Kollektives Unterbewußtsein*

*Abbildung 6*

**Leben ist ein Prozeß gegenseitiger Beeinflussung.**

Der Körper beeinflußt den seelischen Menschen, und der seelische Mensch – unser Unterbewußtsein – beeinflußt den Körper. Das Unterbewußtsein bestimmt also weitgehend mit, ob wir gesund oder krank sind. Lenken wir deshalb unsere Aufmerksamkeit auf den seelischen Menschen, der auch die Richtung unseres Lebens bestimmt. Das psychologische Dreieck in Abb. 6 verdeutlicht die Struktur des Bewußtseins am besten.

Das erste kleine Dreieck ist unser Ich, unser Urteils- und Kritikvermögen.

Viele Menschen glauben, daß dieses kleine Dreieck den ganzen Menschen darstellt. Dabei ist es nur als kleiner Teil sichtbar. Das Wesentliche ist – wie beim Eisberg – unsichtbar.

Die zweite Schicht nimmt wesentlich mehr Raum ein. Hier wird unser Leben wirklich gestaltet. Es ist unser Unterbewußtsein. Nur wenige Menschen kennen die Aufgaben und Möglichkeiten ihres Unterbewußtseins. Sie ahnen nicht einmal, wie unsere körperlichen, seelischen und geistigen Vorgänge und das Verhältnis zur Umwelt vom Unterbewußtsein gesteuert werden.

Glück und Unglück, Gesundheit und Krankheit, Klugheit und Dummheit, Harmonie und Aggression, Erfolg und Mißerfolg, Hoffnung und Verzweiflung – alles wird vom Unterbewußtsein produziert und gelenkt. Unsere Körperfunktion und der komplizierte Stoffwechsel, unsere schwankenden Gefühle und Stimmungen, unsere starken Antriebe und Hemmungen, auch unsere intellektuellen Leistungen und die Kontaktfähigkeit zur Umwelt: All dies sind unterbewußte Vorgänge.

Um diesen Prozeß aktuell zu ermöglichen, sind alle Informationen unseres Lebens – von der Zeugung bis zu dieser Minute – gespeichert. Nichts hat Ihr Unterbewußtsein vergessen.

In der dritten Schicht, unter dem persönlichen Unterbewußtsein, liegt das kollektive Unterbewußtsein. Wir bezeichnen das kollektive Unterbewußtsein auch als unser Urwissen. In dieser Schicht sind – wie schon frühe Mystiker beobachteten – alle Informationen der Evolution gespeichert.

Alles liegt im Menschen selbst – Himmel und Hölle –, und er kann es nur in sich selbst finden. Sonst nirgends.

*Lernen ist ein Wiedererinnern der Seele.*
*(Plato)*

Wir sind weiser, wissender und fähiger, als wir es ahnen oder für möglich halten. Es gehört persönlich sehr viel Selbstbewußtsein dazu, seine eigene Größe zu akzeptieren.

Denn nur wenn wir diese Grunderkenntnis akzeptieren, machen wir uns auf den Weg, um uns von negativen Fesseln der Angst, der Furcht und der Hemmungen zu befreien. Erst wenn wir den genialen Kern unserer Persönlichkeit begreifen, kann der Befreiungsprozeß von Krankheit, Armut, Depression, falschem Lebensweg und Unglück beginnen.

Die Trennungslinien zwischen den verschiedenen Schichten sind gestrichelt. Das heißt, je gelöster und gelassener ein Mensch ist, um so durchlässiger und besser miteinander verbunden sind die verschiedenen Bewußtseinsbereiche. Ideen und Erkenntnisse werden frei und können dem Ich bewußt werden. Ist ein Mensch aber verkrampft, verspannt oder gehemmt, so sind die Synapsen des Gehirns blockiert, und das Unterbewußtsein ist nicht in der Lage, auf harmonische Art genial zu reagieren und zu arbeiten. Das aber ist die Lebensbasis für jede freie Persönlichkeit.

Es gibt viele psychische und körperliche Wege, um diesen
*»spannungsfreien Zustand«*
zu erreichen. Aus vielen Jahren der Erfahrung wissen Sie und ich, daß unser System des Mentalen Trainings nicht nur ein direkter und gefahrloser Weg zur Erreichung dieses Ziels ist, sondern daß er zudem weltanschaulich neutral ist.

**Unsere Übungen machen Sie weder von Psychologen noch von einer Sekte, noch von Tageszeiten oder bestimmten Glaubensformen abhängig.**

Unser Ziel heißt:

*Jeder ist selbst der Meister seines Lebensweges.*

Da unser Lebensweg von unserem Unterbewußtsein gesteuert wird, sind wir von den gespeicherten Informationen abhängig. Wir sind heute das vorläufige Endergebnis unserer eigenen Geschichte, ein fleischgewordenes Denkmal unserer Erlebnisse und Erfahrungen. Unser Gesicht ist die Landkarte unserer Vergangenheit. Alle Siege und Niederlagen – alles Glück und Unglück – Gesundheit und Krankheit – Lachen und Depressionen – sind in unserem Gesicht eingraviert.

Kein Mensch kann auf Dauer verhindern, daß sein Gesicht sein wahres Wesen widerspiegelt.

Wir alle werden leider zu oft von falschen, negativen Programmen gelenkt und geleitet. Die Meisterung des Lebens beginnt deshalb in dem Augenblick, wo wir selbst, und nicht der Zufall, unser Unterbewußtsein programmieren.

Wie sich dadurch unsere Situation langsam positiv verändern läßt, möchte ich Ihnen nun verdeutlichen.

Die Speicherkapazität unseres Gedächtnisses reichte aus, selbst wenn wir 100 000 Jahre alt würden. Das heißt, alle Frühkindheits-, Kindheits-, Jugend- und Erwachseneneindrücke sind zwar programmiert, aber wieviel neue Speichermöglichkeiten sind noch vorhanden?

Darin liegt unsere Chance. An der Vergangenheit können wir nichts ändern. Ändern jedoch können wir die Programme und Antriebe für unsere Zukunft. Täglich empfängt unser Unterbewußtsein neue, negative Impulse, und weil wir dies nicht vollständig unterbinden können, ist es notwendig, daß wir die Kunst der positiven Beeinflussung unseres Unterbewußtseins praktizieren. Damit sind wir bei der lebenswichtigen Bedeutung des Mentalen Trainings.

Im Zustand der Tiefenentspannung ist das Unterbewußtsein formbar wie Wachs. Im Zustand der Entspannung ist es am leichtesten, Blockaden der Vergangenheit zu neutralisieren und neue, positive Antriebe für die Zukunft zu programmieren und zu verstärken. Die Erkenntnisse der modernen Gehirnforschung machen deutlich, daß unser Vorhaben, in unserem Leben mitzubestimmen, kein Wunschtraum, sondern möglich und praktizierbar ist.

Wenn negative Informationen uns zerstören können, dann können positive Informationen uns aufbauen, uns befreien, unsere Weiter- und Höherentwicklung stark beeinflussen.

Vieles, was vor Jahrzehnten noch unvorstellbar oder gar unmöglich galt, sieht heute wissenschaftlich ganz anders aus.

## Denken ist ein bioelektrischer Prozeß.

Wir können heute die Arbeit unseres Gehirns an dem graphischen Wiedergabebild vom Elektro-Enzephalogramm (EEG) beobachten und studieren.

Unser Gehirn produziert je nach unserer Verfassung und Stimmung unterschiedliche Gehirnströme von 0 bis 35 Hertz. Bei 0 befinden wir uns im Tiefschlaf, bei 35 Hertz im Zustand höchster Erregung.

1. *Im Deltazustand – tiefster Schlaf* – erzeugt das Gehirn eine Wellenlänge von 0 bis 4 Hertz.
2. *Im Thetazustand – leichter Schlaf* – erzeugt das Gehirn eine Wellenlänge von 4 bis 7 Hertz.

Bei ca. 7 Hertz liegt die Einschlafgrenze.

3. *Im Alphazustand – der Entspannung* – erzeugt das Gehirn eine Wellenlänge von 7 bis 14 Hertz.
4. *Im Betazustand – schwacher bis starker Erregungszustand* – erzeugt das Gehirn 15 bis 35 Hertz.

Die gleich hohe Frequenz kann im Zustand des Einschlafens vorhanden sein, wenn die Gedanken Karussell fahren und man in Anbetracht seiner Probleme, nicht erledigter Arbeiten oder Ängste vor dem nächsten Tag stark erregt ist.

Je höher die Hertzzahl, um so verschlossener ist der Weg ins Unterbewußtsein. Eine erfolgreiche Beeinflussung des Unterbewußtseins ist nach diesen Erkenntnissen nur im Alphazustand möglich. Sowohl für die Selbst- wie für die Fremdbeeinflussung. Deshalb kann die Qualität jedes Entspannungssystems sich daran messen, wie schnell und wie sicher sie den Übenden in den Alphazustand bringt.

## Was passiert im Alphazustand?

Der Geist ist wach und bewußt, während der Körper einen Zustand äußerst tiefer Ruhe erfährt. Dieser Zustand ruhender, bewußter Wachheit wird subjektiv als »erweitert« bezeichnet. Die Gehirnwellen sind – nach den EEG-Messungen – in hohem Maße geordnet und synchronisiert. Die chaotischen, wechselnden Frequenzen, die für den Betazustand charakteristisch sind, werden durch einige klare, einfache Frequenzen ersetzt. Die rechte und linke Hälfte des Gehirns werden sowohl in der Frequenz wie in der Phase ihrer Gehirnwellen synchronisiert. Damit weitet sich das Gehirnpotential.

Geordnetheit, Synchronisation und weitere Charakteristika deuten eine tiefgreifende, harmonisierende Wirkung an. Sowohl im inneren Bereich des Gehirns als auch im Bereich des bewußten Denkens und deren Wechselbeziehung.

# Die Stufen unseres Bewußtseins

- *Wann sind wir hellwach?*
- *Wann nehmen wir etwas auf?*
- *Wann verarbeiten wir?*
- *Wann lernen wir am besten?*

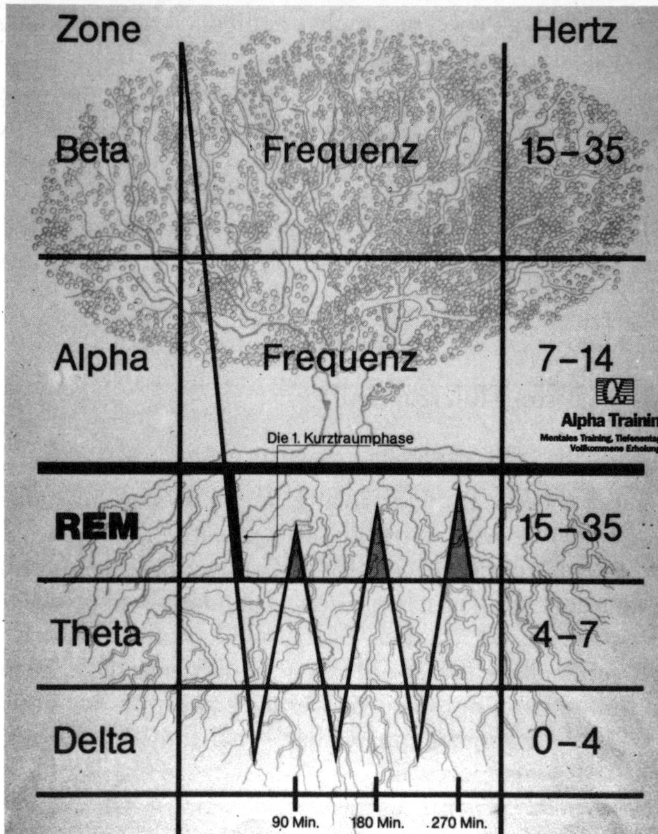


*Abbildung 7*

Das synchrone Gehirnwellenmuster im Alphazustand bildet die Grundlage für größere Ordnung, Kreativität und spätere konzentrierte Aktivität.

Unser Mentales Training ist seit vielen Jahren der sichere Weg, über die »Rolltreppe« leicht in den Alphazustand zu gelangen.

Die Augen sind geschlossen, aber die Ohren bleiben als wichtiger Informationskanal offen.

**Schon vor zweitausend Jahren erkannten indische Yogis im »Mantra« die Macht des gesprochenen Wortes.**

Alles, was unser Ohr hört, wird im Gedächtnis aufgezeichnet. Was frühere Generationen bereits wußten, wird erst heute durch die Technik anwendbar. Der beste Lehrmeister ist der Cassettenrecorder. Er hat eine Stimme, die unser Unterbewußtsein ganz gezielt und suggestiv ansprechen kann.

Entscheidend ist die Qualität der besprochenen Cassette.

Jede Cassette hat einen wirksamen Laserstrahl, der dafür sorgt, daß der Übende nicht in unerwünschte oder unkontrollierte Zustände abgleitet. Die Selbststeuerung des Unterbewußtseins bleibt aufrechterhalten. Gedanken und Gefühle schweifen nicht ab. Das genial gestaltete Gefüge unseres unbewußten Geschehens bleibt ungestört erhalten. Bei Fehlsteuerung jedoch muß und soll ein neues Verhaltensmuster einprogrammiert werden. Durch unsere Übungen wird die Grenze zwischen Bewußtsein und Unterbewußtsein nicht zerstört, sondern nur durchlässiger.

Das persönliche *»Ich«*

wird in seiner inneren Autorität gestärkt. Unser Ziel ist die Beeinflussung des unbewußten Geschehens, damit Ihr Unterbewußtsein Sie automatisch Ihren Zielen näher bringt. Durch das harmonische Ansprechen öffnet sich
*»das Tor zum Unterbewußtsein.«*

Die persönlichkeitsstärkende Wirkung eines solchen Trainings tritt schon nach 21 Tagen ein. Es vergrößert sich die Kreativität und der Freiheitsspielraum des Individuums. Die Stimme auf den Cassetten erzeugt in Ihrem Unterbewußtsein ein wirkungsvolles Wechselspiel zwischen Information und Assoziation. Neue positive Antriebe verdichten sich.

*Den Seinen gibt's der Herr im Schlaf.*
*Sie müssen nur wollen!*

Oft glauben Seminarteilnehmer, daß die Arbeit an sich selbst harte Schwerstarbeit sei. Dieser Bericht hat Ihnen deutlich gemacht, daß die Arbeit an sich selbst – im streßfreien Alphazustand – ein Kinderspiel ist. Erinnern Sie sich nur an das Gedicht:

**»Wie war's in Köln doch eh vor dem,**
**mit Heinzelmännchen so bequem.**
**Da war man faul**
**und legte sich hin auf die Bank**
**und pflegte sich,**
**indessen kam die Geisterschar**
**und sah, was da zu machen war.«**

## Wer Angst hat, kann sich nicht mehr konzentrieren.

*Leben heißt: Altes stirbt – Neues wird lebendig. Für uns ergibt sich daraus, daß wir offen sein müssen für morgen und für die Weiterentwicklung. Aber vor der Tür zur Zukunft stehen schwarz, groß und scheinbar unüberwindbar die Angst, die Furcht, die Sorge und die Feigheit.*

Nichts hemmt und hindert einen Menschen mehr an der Entfaltung seiner Persönlichkeit als die Angst.

Nichts auf dieser Welt kann einen Menschen so todunglücklich machen wie die Angst. Angst allein kann unser Glück und unsere Lebensentfaltung verhindern.

Es ist eine große Illusion von einigen Menschen, daß sie glauben, nie Angst zu haben. Sie streiten es einfach ab.

Doch weil sie sich ihre Angst nie bewußtmachen, wissen sie nicht, wovor sie sich fürchten. Statt dessen entwickeln sie Techniken, um ihre Angst und ihre Feigheit zu bemänteln. Sie sprechen dann lieber von ›Entmutigung‹, was jedoch tatsächlich Angst ist. Oder man schützt Weltklugheit vor, obwohl man erkennen kann, daß es die Angst ist, die sie zurückweichen läßt.

Viele Menschen treten seit Jahren auf der Stelle, weil ihnen der Angstschweiß auf der Stirn steht, wenn sie an mögliche Veränderungen denken.

Das Repetitorium, die Wiederholung des Gehörten, gehört zu den Standardübungen in meinen Seminaren. Ich bat einmal einen Seminarteilnehmer, am nächsten Vormittag das Repetitorium vorzutragen. Er begann seine kurze Ansprache:
*»Sie haben mir die schwärzeste Nacht meines Lebens beschert. Ich habe kein Auge zugemacht, sondern das Repetitorium dreimal umgeschrieben und war wie in Schweiß gebadet. Ich habe nicht gewußt, daß ich voller Angst stecke. Diese Nacht wird mir sicher die Kraft geben, meine Ängste und Hemmungen und meine Feigheit zu überwinden.«*

Alles Neue kann ängstlich machen – es kann – es muß aber nicht. Viele Männer, aber auch Frauen möchten zum Beispiel zum Seminar ihren Partner mitbringen. Aber die Angst des Partners vor dem Ungewissen ist zu groß. Zu Hause fühlt man sich stark, vielleicht auch aggressiv, in einer fremden Umgebung ist man klein und feige.

Wer seine Angst verdrängt oder sie intellektuell bemäntelt, verliert sie nie. Ganz im Gegenteil, sie wird mit zunehmendem Alter noch größer und lähmender.

Angst wirkt sich in allen Lebensbereichen negativ aus. Im Beruf, in der privaten Gemeinschaft, in der Liebe, in der Schule, im Straßenverkehr – kurz, in allen Lebensräumen.

Wollte man alle Ängste der Menschen aufschreiben, würde man ein Buch füllen.

*Reduzieren wir jedoch die Ängste auf ihren vitalen Kern, so bleiben nur drei übrig.*

*1. Die Angst vor der Zukunft*
*2. Die Angst vor einer unheilbaren Krankheit*
*3. Die Angst vor der Einsamkeit*

Bevor ich auf die drei Basisängste eingehe, möchte ich noch einmal kurz auf die negative Suggestivkraft der Angst hinweisen.

Sie haben bereits das Bekenntnis Hiobs gelesen:
»*Was ich befürchte, ist über mich gekommen*«.

Von Luther kennen wir den Ausspruch:
»*Wer sich vor der Hölle fürchtet, der fährt hinein*«.

Und Shakespeare läßt Cäsar sagen:
»*Der Ängstliche stirbt hundertmal, bevor er wirklich stirbt*«.

Wer das Leben gewinnen will, braucht vorerst seelische Freiheit. Angst aber erzeugt Unfreiheit. Nummer 1 ist die Angst vor der Zukunft.

Es ist richtig, daß wir in einer Welt wachsender Gefahren leben. Aber auch wachsender Chancen. Der ängstliche Mensch starrt wie ein hypnotisiertes Kaninchen auf die Gefahren und kann weder flüchten noch sie ignorieren.

Oft stelle ich erschreckend fest, wie stark junge Menschen bereits verunsichert sind. Die Angst ist teilweise so groß, daß sie zu einer Entwicklungsblockade wird. Angst und Feigheit haben die gleichen Wurzeln. Sie sind Geschwister. Ein einziger Kernsatz verdeutlicht das:
*»Den Feigling erkennt man daran, daß er keine Pläne hat. Nimm dir nichts vor, dann schlägt dir nichts fehl – ist sein Motto«.*

Je konkreter ein Mensch sein eigenes Leben aufbaut, plant und sich Ziele setzt, um so geringer wird seine Angst und um so größer wird seine Zuversicht.

Hinter der Furcht vor einer unheilbaren Krankheit steckt die Todesahnung.

Obwohl die Menschen heute doppelt so alt werden wie zur Zeit der Römer, scheint auch ihre Angst doppelt so groß geworden zu sein. Labile, leicht beeinflußbare Menschen neigen zu dieser Krankheitsangst, und je weniger sie persönlich für ihre Gesundheit, Vitalität und Lebensfreude tun, um so stärker wird ihre negative Erwartung.

*Die Feigheit tarnt sich am liebsten*
*als Vorsicht oder Rücksicht.*

*Graff*

*Wir wissen heute, daß rund 80 Prozent aller Krankheiten seelisch bedingt sind. Daher könnten wir – wenn wir es wollten – einen starken, positiven Einfluß gegen etwaige Krankheiten ausüben.*

Genießen Sie Ihr Leben, statt sich zu fürchten. Wenn Sie an keine Krankheit denken, wird auch keine zu Ihnen kommen. Und wenn Sie doch an einer erkranken, verlieren Sie Ihren Mut nicht, sondern helfen Sie sich selbst durch Willenskraft. Dann wird auch der Arzt Ihnen helfen können. Das Leben hätte keinen Sinn und kein Ziel, wenn es nicht mit dem Tod beendet wäre. Leben Sie so, daß Sie dieses Ziel eines Tages ohne Angst erreichen.

*Hinter der Angst vor der Einsamkeit verbirgt sich das Problem der Kontaktschwäche. Man kann oder traut sich nicht aus seiner Haut heraus.*

Dieses Gefühl wird oft kaschiert und übersteigert, indem diese Menschen sich einreden, etwas Besonderes, etwas Besseres zu sein. Ohne zu bemerken, daß sie immer mehr vereinsamen. Schon Goethe bemerkte, daß der isolierte Mensch niemals den Erfolg erlangt.

Hier kann nur als Übung wirksam helfen, seine aktive Programmierung täglich viermal vor dem Spiegel laut zu sprechen. Und jeden Tag sich bemühen, auf einen Menschen zuzugehen, statt allen Menschen auszuweichen. Möglichkeiten gibt es genügend. Und nichts ist wichtiger im Leben, als vielen anderen Menschen zu begegnen. Statt an ihnen vorbeizulaufen.

*Leben ist eine permanente Kraftäußerung. Ohne Kraft gibt es keine Bewegung. Es ist deshalb die Aufgabe unseres Körpers, Kraft für unser Leben zu produzieren. Je größer diese Kraft, um so stärker ist auch unsere Belastbarkeit.*

*Angst ist das Leck in unserer Nervenbatterie. Angst zerfrißt unsere Kraft, unsere Energie, unseren Willen, unsere Ziele, unsere Hoffnungen und unsere Wünsche. Angst zerstört unsere Gegenwart und unsere Zukunft. Angst ist der Teufel in uns.*

Wer Angst hat, kann sich nicht mehr konzentrieren.

Die Konzentration ist jedoch für einen vorwärtsstrebenden Menschen die wichtigste Fähigkeit. Denn nur die Dinge oder Geschehnisse, auf die er sich konzentrieren kann, die er in seiner Vorstellung plastisch vor sich sieht, kann er mit seinem Unterbewußtsein verwirklichen. Das Unterbewußtsein des Menschen braucht klare Zielvorstellungen, um aktiv zu werden. Und je klarer wir uns auf unsere Ziele konzentrieren können, um so aktiver können die Kräfte und Fähigkeiten unseres Unterbewußtseins wirken.

Jeder Gedanke oder jedes Vorstellungsbild, auf das wir uns konzentrieren, wird auf der ersten Stufe vom Wachbewußtsein aufgenommen. Auf der zweiten Konzentrationsstufe sinkt es ins Unterbewußtsein und verbindet sich dort mit ähnlichen Gedanken und Gefühlen. Daraus entwickelt sich das Streben zur Verwirklichung. Jetzt, auf der dritten Stufe, bewirken unsere zuversichtlichen Gedanken positive Schaltungen im körperlichen und seelischen Bereich. Das heißt, jeder Gedanke entwickelt die Tendenz, sich zu realisieren.

Je stärker also unsere Zielbilder durch Konzentration und Wiederholung werden, um so stärker wird der aufbauende Trend. Unsere positiven Gedanken wirken einerseits auf unsere seelische Stimmungslage und von dort auf das sympathische Nervensystem und die Drüsen, Zellen und Organe.

Andererseits löst unser Denken und Empfinden in der Umwelt entsprechende Resonanzen und Reaktionen aus. Jetzt verstehen wir den Satz besser:

*»Vorstellung schafft Wirklichkeit.« Wer seine Denkkraft ›bewußt‹ entfaltet und durch Training zum Kraftdenken entwickelt, erlangt eine ständig wachsende Strahl- und Realisierungskraft.*

Vor 2500 Jahren sagte Gautama Buddha:

*»Herrschaft über das Denken*
*gibt Macht über Leib und Leben.«*

Die Konsequenz aus diesen Ausführungen kann nur sein, daß Sie sofort, und zwar schriftlich, Ihre Ziele für dieses Jahr formulieren.

Wer seine Ziele kennt, vor sich sieht und klar formulieren kann, der kann sie auch erreichen. Denn Zielklarheit ist das Geheimnis der Konzentration. Und der Konzentrierte und Zielbewußte kennt keine Angst, sondern motorische, positive Kräfte.

**Jedes Talent entfaltet sich nur durch Betätigung.**

Das Gesetz von Ursache und Wirkung verstehen immer weniger Menschen. Die Klagen über Krankheit, Depression und mangelnde Anerkennung wachsen. Dabei werden die effektiven Gegenmittel und Grundvoraussetzungen, Betätigung nach seinen individuellen Fähigkeiten mit daraus wachsendem Erfolg und Beachtung, oft vergessen.

Theoretische Risikoaufbauten verhindern das Wesentliche:

*Das Tun.*

Beachtung bringt Verstärkung. Sie alle kennen und berücksichtigen dieses wichtige Grundgesetz der Lebensentfaltung bei Ihrem täglichen Handeln. Alles lebt, wächst und entfaltet sich aus der Beachtung. Jeder Mensch benötigt Anerkennung, Aufmerksamkeit, Liebe und Beachtung. Und wie wir wissen, betrifft das nicht nur die Menschen, sondern Tiere und Pflanzen ebenso. Täglich ringen wir um Beachtung; denn wir benötigen sie wie das Sonnenlicht zum Leben.

Es gibt zwei Wege, um beachtet zu werden: den positiven und den negativen Weg. Auf dem positiven Weg sind die Stationen:

| |
|---|
| *Leistung – Nutzen und Erfolg.* |

Auf dem negativen Weg:

| |
|---|
| *Aggressionen – Krankheit oder Kriminalität.* |

Findet ein Mensch nicht die positive Anerkennung, die er benötigt, betritt er automatisch den negativen Weg. Denn negative Beachtung ist dem Menschen immer noch wichtiger als gar keine Beachtung. Kein Mensch kann und will nur eine Null sein.

Aber auch um *positive* Beachtung zu erreichen, gibt es zwei Wege. Den *äußeren* und den *inneren Weg*. Untersuchen wir einmal gemeinsam diese beiden Wege. Wir beachten Menschen mit einer guten Stimme, mit gutem Auftreten und taktvollen Umgangsformen, ja, sogar mit einer guten Handschrift. Wir bemerken andere, weil sie schöne Haare, ausdrucksvolle Augen oder eine ebenmäßige Figur besitzen. All diese Dinge sollten wir sehr positiv sehen und nicht als oberflächliche Betrachtungsweise abtun.

Darüber hinaus aber beachten wir besonders stark Menschen,

die etwas leisten oder großen Nutzen bringen. Das trifft auf alle Gebiete zu. Es sind besondere menschliche Leistungen im Sport, in der Musik, in der Medizin, in der Forschung, in der Kunst und auch der Religion, die uns faszinieren.

Der Weg zur positiven Beachtung, Anerkennung und Liebe ist nicht der leichteste, aber ein stetiger und dauerhafter. Deshalb müssen wir uns immer wieder einmal die kritische Frage stellen, welchen Weg wir eigentlich gehen. Ist es ein gerader, ein überschaubarer, ein dunkler oder gar ein Irrweg?

Unser Lebenserfolg ist das Spiegelbild unseres Denkens. Bei Rilke fand ich einen Gedanken, der unsere Philosophie besonders gut verdeutlicht.

> *»Wenn Dein Alltag arm erscheint, klage ihn nicht an, klage Dich an, daß Du nicht stark genug bist, seine Reichtümer zu rufen. Für den Schaffenden gibt es keine Armut und keinen armen oder gleichgültigen Ort.«*

Wir sollten mit Freude leben und dieses Leben genießen. Aus diesem Grunde ist das Ziel aller unserer Seminare die Freiheit.

Freiheit vom Negativen, Freiheit von Angst, Freiheit von Sorgen, Freiheit von Krankheit, Freiheit von Armut.

Geld zum Beispiel ist *geprägte Freiheit*. Diese Feststellung machte Dostojewski. Wenn ich über Geld und soziale Sicherheit spreche, gibt es regelmäßig Gegenstimmen.

*»Dieser Materialismus«*, ist dann zu hören, *»uns geht es primär um geistige Erfahrungen und um psychologische Erkenntnisse sowie um humane Werte.«*

Schon der Franziskanermönch Franz von Assisi erkannte im 13. Jh., daß erst ein gewisser Grad an Wohlstand es dem Menschen ermöglicht, ein anständiges Leben zu führen. Ein Leben ohne Neid und ohne tägliche finanzielle und Überlebenssorgen.

Ich bin der festen Überzeugung, daß derjenige, der nicht über

Geld spricht und wie man es verdienen kann, die Armut vermehrt. Würden Eltern ihre Kinder lehren, zu arbeiten, zu handeln und zu verdienen, bräuchten nicht so viele zum Sozialamt zu gehen.

Beobachten und lernen wir von der Natur, wie eine Katze ihren Jungen zeigt, wie man Mäuse fängt. Würde das die Katze nicht tun, müßte die Nachkommenschaft verhungern und die Art würde aussterben. Denken Sie selbst diesen Gedanken konsequent weiter. Schlagworte, wie

›*unverschuldete Armut*‹ – ›*wirtschaftlich schlechte Zeiten*‹,

führen uns nicht weiter.

Wie oft werde ich gefragt:

»*Man hat mir von heute auf morgen gekündigt. Was soll ich jetzt machen?*«

Am liebsten würde ich dann zurückfragen:

»*Was haben Sie in den letzten Jahren gemacht, damit Ihnen nie gekündigt werden kann?*«

Für jemanden, der viel besser ist als alle anderen, tut man alles, damit er bleibt.

Denn nur die besonders Tüchtigen und Zähen können in einer schwierigen Situation den Karren wieder flottmachen. Aber leider vernachlässigen viele ihre Erfolgsfähigkeit. Man glaubt seinen beruflichen Höhepunkt erreicht zu haben und verlagert sein Interesse auf andere Bereiche. Klagt dann aber das böse Schicksal an, wenn sich diese Verhaltensweise im Beruf rächt.

Wer für seinen Erfolg heute kein Geld mehr ausgeben kann, wird morgen noch ärmer sein. Und zwar finanziell und seelisch; denn wir alle leben vom Erfolg und von der Beachtung. Wir leben in Deutschland in einem der reichsten Länder der Welt. Wer hier nicht seinen Platz, seine Aufgabe, seinen Lohn und seine Beachtung findet, würde in einem anderen, sehr viel ärmeren Land untergehen. Führungskräfte des Unilever Konzerns berichteten mir von einer Tagung in London, an der alle ihrer führenden Kollegen aus der ganzen Welt teilnahmen.

»*Wir trafen Führungskräfte aus Ländern mit mehr als fünfzig Prozent Arbeitslosigkeit, und selbst die sind nicht mutlos und haben den*

*Glauben an das Machbare nicht verloren. Wie labil sind wir doch mittlerweile, daß wir bei leichterer wirtschaftlicher Instabilität alle erkältet und verschreckt sind.«*

Wenn es dem Menschen zu gut geht, wird er bequem und fängt an, sich mehr zu beklagen als zu handeln. Armut heißt arm-an-Mut-sein. Wir brauchen Mut, Mut zum Wagen, Mut zum Risiko. Das setzt natürlich Selbstbewußtsein und Handlungswillen voraus. Jeder Mensch ist etwas Besonderes – etwas Einmaliges. Jeder trägt in sich einen schöpferischen Funken, der ihn zum Genie befähigt. Aber wir tun nicht sehr viel, um das Geniale in uns zu befreien. Es genügt nicht, gute Anlagen zu besitzen, sondern man muß sie gut anwenden und ausbauen.

*»Es gibt drei Möglichkeiten zu leben:*
*betteln, stehlen oder etwas leisten.«*

Etwas leisten heißt, Nutzen für sich und andere zu bringen. Je größer der Nutzen, um so größer wird der Erfolg, die Beachtung, die soziale Sicherheit und das Echo sein.

Je mehr Sie für sich tun und an Ihrer Weiterentwicklung arbeiten, um so mehr können Sie später für andere tun und für andere etwas sein.

Christian Morgenstern sagte einmal:

*»Das Ich ist die Spitze eines Kegels,*
*dessen Boden das All ist.«*

Allwissend und allmächtig, Sie kennen diese Begriffe. Aber kein Mensch und kein Gott wird uns helfen, wenn wir die vorhandenen Talente nicht zur Entfaltung bringen. Wer sich nicht entfaltet, wird kaum Nutzen bringen, hat wenig Erfolgserlebnisse und findet daher keine Beachtung.

Die Psychologie des erfolgreichen Weges lehnt jede Manipulation ab. Wir studieren die Psychologie des Menschen nicht, um ihn auszubeuten, sondern um das Gute und seine Fähigkeiten in ihm aufzuspüren und zur Entfaltung zu bringen.

› *Werde der, der Du in Wirklichkeit bist.* ‹

Ent-falten heißt, etwas zu entfalten, was vorher eingefaltet, aber stets vorhanden war. Entfalten und verstärken wir also unsere Talente. Der Mensch steht nicht am Ende seiner Möglichkeiten, er hat gerade erst begonnen, Mensch zu werden. Wenn wir bedenken, daß wir nur ein Zehntel unserer Möglichkeiten und Fähigkeiten ausschöpfen, wird uns klar, daß wir alle unter einer sehr gefährlichen Unterschätzung leiden.

Die Unterschätzung ist der Grund für die vielen ungelösten Probleme unserer Zeit. Wir alle stecken voller Kraft, Gesundheit und Intelligenzreserven. Machen Sie ernst mit der Entfaltung Ihrer Persönlichkeit. Beklagen Sie sich nicht länger über Schicksalsschläge, Schicksalswendungen, Alter, wirtschaftliche Lage, verständnislose Partner, Familie oder Firma. Begreifen und ergreifen Sie endlich Ihre Fähigkeiten, Chancen und Möglichkeiten.

Jeder Mensch sollte auf seinem Platz in seinem Tätigkeitsbereich König sein. In dem Maße, in dem Ihre Willenskraft wächst, werden sich Talente weiter entfalten. In dem gleichen Maße verwandelt sich das bisher scheinbar Negative in Ihrem Leben in Glück, Gesundheit und Erfolg.

**Das Wichtigste: Sie müssen anfangen.**

Sie haben keine andere Chance. Sie müssen anfangen. Dabei gehen Sie nicht das geringste Risiko ein. Viel weniger, als Sie sich in theoretischen Abwehr-Klimmzügen je vorstellen. Es gibt Mitmenschen, die aus Angst, eine falsche Entscheidung zu treffen, von einem Berater zum anderen laufen.

Wertvolle Zeit des Lebens wird verschenkt, statt in der Aktivität Erfahrungen zu sammeln. Betrügen Sie sich deshalb nicht selbst ständig mit der Ausrede

*»Ich brauche noch ein paar Informationen, ein paar weitere Überlegungen, um mich zu entscheiden.«*

Der Tag, an dem Sie im voraus alles wissen und überschauen können, kommt nie. Ob der geplante Weg richtig ist, wissen Sie erst, wenn Sie ihn schon ein Stück gegangen sind.

Unser Unterbewußtsein kennt unseren idealen Weg und wird uns lenken und leiten, wenn wir mutig anfangen mit der Entfaltung unserer Talente und Fähigkeiten.

Und nun zur Praxis. Nehmen Sie bitte einen Schreibblock. Untergliedern Sie pro Seite nach verschiedenen Rubriken, um sich Fragen zu stellen und beantworten zu können. Fragen auf Seite 1 und 2:

*»Was konnten mein Großvater und meine Großmutter am besten?«*

Fragen auf Seite 3 und 4:

*»Was konnten mein Vater/meine Mutter am besten?«*

Nehmen Sie sich einige Tage Zeit mit der Beantwortung; denn diese Fragen lösen Reaktionen in Ihrem Unterbewußtsein aus. Erst danach stellen Sie sich die Fragen:

*»Was tue ich am liebsten?«*

Und auf der nächsten Seite:

*»Was kann ich am besten?«*

Sechs bis zehn Antworten sollte jede Frage erhalten.

Jeder Mensch findet in seinem Leben oder Beruf Bereiche, die er weiterentwickeln kann. Je weiter und je höher Sie diese Aufgabe oder Fähigkeit entwickeln, um so höher werden Sie von der Sache gezogen. Erfolge und Anerkennung folgen zwangsläufig. Sie finden alle diese Erkenntnisse in unseren Grundgesetzen der Lebensentfaltung. Denkgesetz Nummer 5:

*»Aus dem kleinsten Gedankenfunken kann ein leuchtendes Feuer werden.«*

Auf eine ganz besondere Gefahr möchte ich an dieser Stelle hinweisen. Viel zu viele Menschen suchen ihr Heil in immer etwas anderem oder völlig Neuem. Sie sollten diesen Kardinalfehler nicht machen. Nicht das völlig Neue ist die große Chance, sondern die Weiterentwicklung, die Verbesserung bringt den Erfolg. Wie kann ich in meinem Beruf noch effektiver werden, wie kann ich noch mehr Nutzen bringen? Ständig sollten Sie Ihrem Unterbewußtsein diese Frage stellen.

Und erst dann und nur dann, wenn Ihnen der Beruf keine weiteren Entwicklungsmöglichkeiten mehr bietet, suchen Sie Ihren Weg auf dem kulturellen Sektor, im speziellen Hobby bzw. im sozialen Engagement. Wer auf die Innovation seiner Persönlichkeit verzichtet, wird auch in Zukunft auf seine Harmonie und sein Glück verzichten müssen.

Es genügt nicht, Talente zu besitzen, erst durch Betätigung kann sich ein Talent entfalten. Alle Genies der Welt- und Kulturgeschichte, alle Sportler beweisen durch ihre Leistungen die Richtigkeit dieses Gedankens.

Jedes Talent entfaltet sich nur durch Betätigung. Lenken Sie also in Zukunft ganz konsequent Ihre Aufmerksamkeit auf die Fähigkeit, die Sie verstärken möchten.

Die Entfaltung Ihrer Talente ist keine Frage des Alters, sondern des entschlossenen Handelns. Durch Nichtbetätigung töten Sie Ihr Talent. Wenn Sie zwanzig Jahre nicht mehr Klavier gespielt haben, sind achtzig Prozent des Gelernten verlernt.

Dagegen können Sie durch Training und durch Wiederholung Ihre Fähigkeit bis zur Genialität steigern. Der Philosoph Fichte erkannte:

*»Genie ist Fleiß.«*

Der wirklich Erfolgreiche glaubt nicht an den Zufall, sondern weiß, er muß den Erfolg *verursachen,* nach dem Gesetz von Ursache und Wirkung. Hört ein Sportler mit seinem Training auf, hat nach acht bis zehn Tagen seine Leistung spürbar nachgelassen. Nach einer Pause von einem halben Jahr sogar um vierzig Prozent. Sportler bemerken das sehr deutlich nach einer Trainingszwangspause.

Menschen, die scheitern – das erkennen Sie jetzt genau –, scheitern oft an ihrer Vielseitigkeit. Sie möchten alles und erreichen nichts. Das Geheimnis liegt in der Beschränkung und Wiederholung. Eine weitere wichtige Erkenntnis sollten wir jetzt durchdenken. Jeder von uns möchte eine anziehende und faszinierende Persönlichkeit sein. Daher haben wir eine panische Angst vor der Wiederholung. Wir befürchten, daß Wiederholungen Langeweile bringen. Und langweilig zu sein ist das Letzte, was wir wollen. Gerade das Gegenteil aber ist der Fall. Je häufiger wir etwas wiederholen, um so leichter und zugleich genialer wird die Leistung. Yehudi Menuhin ist nur deshalb Yehudi Menuhin geworden, weil er seine Fingerübungen auf der Geige so oft wiederholte, daß es keiner besser konnte als er. Ergebnis seiner Bemühungen und seiner ständigen Wiederholungen: die Welt liegt ihm zu Füßen und verehrt ihn zu Recht. Jede großartige und außergewöhnliche Leistung wird anerkannt. Sie entsteht aber nur durch die Wiederholung.

Wir haben von vielem Überfluß – nur an tüchtigen, fähigen und erfolgreichen Männern und Frauen fehlt es überall.

Doch die Erkenntnis:

*»Jedes Talent entfaltet sich nur durch Betätigung«*

zeigt uns den Weg zum außergewöhnlichen Können. Durch die Entfaltung unserer Fähigkeiten wird unser Leben nicht nur interessanter, sondern wertvoller. Wir leben uns und anderen zur Freude.

In dem Märchen vom großen und kleinen Klaus unterhalten sich zwei Pflüge auf dem Acker. Der rostige Pflug fragt den strahlend glänzenden Pflug, woher denn sein wunderbarer Glanz käme. Darauf bekommt er die Antwort:

*»Mein Glanz kommt von der Arbeit.«*

## Leben Sie nach dem Prinzip, Nutzen zu bringen.

In welch einem Klima leben wir heute? Wenn Sie sich die Presse, das Fernsehen, die moderne Literatur und die Kunst zusammenfassend durchdenken, dann haben Sie den bedrückenden Eindruck, Pessimismus sei das Los unserer Zukunft. Die Tendenz steht auf pessimistisch.

Wenn ein Computer permanent negative Informationen bekommt, dann kann er eines Tages keine positiven Hochrechnungen mehr durchführen. Ebenso ist es mit der Fülle von negativen Informationen, die wir täglich in unser Gehirn hineinstecken.

Woher nehmen wir dabei eigentlich die Überzeugung, daß unser Kopf diese Fülle von negativen Informationen verarbeiten kann? Wir sprechen zwar viel von Umweltschutz, aber die Innenweltverschmutzung vieler Menschen ist grausiger als die Außenweltverschmutzung. Nur davon spricht keiner.

Wenn Sie die Leichen und Morde, die in Ihrem Gehirn schon gespeichert sind, zählen könnten, würden Sie sicherlich Angst und Schrecken bekommen. Dabei kommen jeden Abend bei der Tagesschau weitere Leichen und Morde, Mißerfolge und Katastrophen hinzu. Aber all das schlucken wir in dem Bewußtsein, schon damit fertig zu werden.

Kein Wunder, daß die Menschheit immer ängstlicher, immer vorsichtiger, immer pessimistischer wird. Daß immer mehr Menschen zu Ersatzbefriedigungen wie Drogen und Alkohol greifen, weil sie diesen Pessimismus nicht mehr ertragen können.

Der Mensch kann viel, nur eines nicht: Er kann nicht dauernd in Angst und in Sorge und Furcht leben. Wir wissen, daß Angst und Sorge auch der Auslöser von Krebs sein kann.

Ein Blick in das Geschichtsbuch macht uns deutlich, daß alle Zeiten auf ihre Weise schwierig waren. Ich weiß nicht, welch ein Prophet den modernen Menschen eingeredet hat, daß diese Erde schon ein Paradies sei. Solange es Menschen gibt, solange Menschen hier auf dieser Erde leben, wird es Schwierigkeiten, wird es Mißerfolge geben. Und gerade weil es so ist, sollte ein Kind schon in der Schule lernen, wie man mit diesem Leben fertig wird. Nicht, wie man von einer schönen, heilen Welt träumt, sondern wie man versucht, sie Stück für Stück zu erarbeiten und zu gestalten.

Unser ganzes Leben ist eine unendlich lange Kette von Problemen. Unser Leben beginnt mit dem größten Problem, mit der Geburt. Wenn viele Menschen darüber entscheiden könnten, würden sie lieber im Mutterleib bleiben, weil sie Angst hätten, dieses erste Problem zu erleben. Für viele bleibt die Geburt zeitlebens ein Trauma.

> *»Selbst wenn Du das Beste willst, darfst Du nicht davon ausgehen, daß andere Dir Steine aus dem Weg räumen, nein, selbst wenn Du das Beste willst, mußt Du davon ausgehen, daß andere Dir immer wieder neue Steine in den Weg legen.«*
>
> *Albert Schweitzer*

Das heißt, unser ganzes Leben ist ein Prozeß von Steinen, die wir aus dem Weg räumen. Wenn ich das weiß, muß ich mich darauf vorbereiten, daß meine Kräfte und meine Fähigkeiten ausreichen, um diese Steine aus dem Weg zu bringen. Ich brauche genügend körperliche und seelische Widerstandskräfte, um nicht jedesmal wieder in Depressionen und pessimistische Stimmungen zu verfallen. Um sich in schwierigen Situationen zu bewähren, braucht man im Inneren einen festen Kern. An welchem Beispiel ließe der sich nicht besser symbolisieren als an unserer Yin-Yang-Figur, dem Symbol für den aufrichtigen Menschen.

Er ist ausbalanciert und bleibt in der Balance. Er ist belastbar, wackelt, aber fällt nicht. Er steht mit beiden Beinen auf dem Boden der Tatsachen und geht von der Realität aus. Nicht von metaphysischen Höhen, sondern von der Realität des Lebens. Wenn

Sie ihn von der Seite betrachten, sehen Sie, daß er noch Rückgrat hat. Er ist nicht geknickt, nicht gebrochen. Er ist ein aufrechter Mensch, der seinen Kopf oben trägt und der an sich und seine Zukunft glaubt.

Das Schlimmste, was einem Menschen hier auf Erden passieren kann, ist, daß er die Vision und den Glauben an seine Zukunft verliert. Aber dieser Mensch – der Yin-Yang – hat den Kopf oben. Und Sie sehen, daß er so stark ist und so belastbar ist, daß er das Leben ertragen kann.

Er weiß, daß wir in einer Welt der Gegensätzlichkeiten leben und daß es Kampf auf dieser Welt geben wird, solange es Menschen gibt.

*Wir leben zwar in einer Welt wachsender Gefahren,*
*aber wir leben auch in einer Zeit wachsender Chancen.*
*Wir brauchen Menschen, die diese Chancen erkennen und*
*sie zum Wohle der Menschen ergreifen.*

Der Mensch ist ein agierendes Wesen, das Zeichen setzen kann, und nicht nur ein reagierendes. Wir haben drei Möglichkeiten zu leben:

1. Wir verändern die Umwelt.
2. Wir verändern uns.
3. Wir verändern beides.

Veränderung im Sinne von positiver Veränderung. Menschen, die Probleme machen, haben wir zur Genüge. Wir sollten dagegen überlegen und verändern, wie man für andere Wert und Nutzen bringen kann.

**Ein weiser Egoist überlegt permanent, wie und wo er anderen Nutzen bringen kann.**

Unser Leben hat nur dann einen Wert, wenn wir ihm einen Wert geben. Wer mit offenen Augen und Ohren durchs Leben wandert, wird dafür genügend Möglichkeiten finden. Im Kleinen, Alltäglichen, und bei der eigenen Zukunftsplanung. Das Wichtigste auf der Welt sind die Menschen, nicht Maschinen, nicht Forschungsergebnisse, nicht politisches Geschehen, sondern nur die Menschen, die dahinterstehen und die uns begegnen. Wenn sich das Gebot

*›Liebe Deinen Nächsten‹*

nicht bis zum Ende dieses Jahrhunderts überzeugend ausgewirkt hat, ist die Menschheit verloren.

Erst wenn ich an das Gute und Positive im anderen glaube, kann ich es ansprechen, es aus ihm herausholen und ihn von meiner positiven Absicht überzeugen. Das betrifft meinen Partner, meine Kinder, meine Nachbarn, Kollegen, Vorgesetzten und Kunden. Das betrifft die Menschen, denen ich im Urlaub begegne, und auch die Gastarbeiter und Reisenden in unserem Land. Die positive Einstellung sollte nicht nur die Mitglieder der Partei, die ich wähle, betreffen, sondern auch die der Opposition. Auch das sind Menschen mit positiver – wenn auch anderer – Ansicht. Wie die Menschen einer anderen Konfession, Jugendliche im Punklook oder ein mürrischer – weil kranker – alter Mensch.

Geben wir uns doch mehr Mühe, die Stärken in anderen zu entdecken, anzusprechen und zu bestätigen.

Wir begegnen immer wieder Menschen, die uns behindern oder die uns helfen.

## Behindern Sie andere Menschen?

Sehr qualifizierte Menschen scheitern oft deshalb, weil sie den Umgang mit anderen nicht gelernt, nicht beachtet und nicht einkalkuliert haben.

Nur wenn ich anderen Nutzen bringe, früher gebrauchte man das Wort dienen, werden auch andere mir Nutzen bringen. Ein Geschäftsmann, der nur an seinen Vorteil denkt, macht das Geschäft nur einmal. Eine Frau, die einen Mann nur aus Berechnung heiratet, wird selbst am unglücklichsten sein. Der Mann, der einem Verein nur beitritt, um geschäftliche Kontakte zu bekommen, wird ein Außenseiter bleiben. Der Freund, den wir immer nur um etwas bitten, wird uns bald nicht mehr anrufen.

Die Natur, die wir nur belasten, ist irgendwann nicht mehr regenerationsfähig.

*Das Prinzip ›Nutzen zu bringen‹*

spielt in alle Bereiche des Lebens hinein. Unser Leben soll nicht Betteln oder Stehlen sein, sondern Arbeiten, um zu nutzen.

*Das Gute siegt immer.*

**Viele Menschen sind stolz darauf, daß sie negatives Unwohlsein provozieren, statt Meister zu werden in der positiven Beeinflussung.**

Wir schaffen den Lebensraum selbst, in dem unsere Zeit abläuft. Friedlich oder hektisch, anerkennend oder ablehnend. Heiter oder schwarze Wolken und Nebel schiebend, indem wir andere ablehnen und leichtfertig verurteilen oder indem wir sie anerkennen, ihnen helfen und sie fördern.

## Erkennen – Wünschen Planen und Erreichen

Es sind Gesetze, die uns harmonisch, erfolgreich und gesund erhalten – wenn wir sie einhalten. Und es ist die Mißachtung dieser Gesetze, die das Gegenteil bewirkt. Deshalb nutzt es niemandem, voller Neid und Unverständnis auf die Menschen zu schauen, denen es offensichtlich besser geht als einem selbst. Sondern die Erkenntnisfrage sollte nach Beantwortung suchen: Was mache ich falsch? Falsch im Denken, in der Einstellung, falsch im Verhalten, falsch im Handeln, falsch im Hoffen und Glauben? Die Lebensgesetze sind dazu geschaffen, um permanent befolgt zu werden. Nicht einmal oder gelegentlich, wenn es einem einfällt oder gerade schlechtgeht, sondern ständig.

Machen Sie sich die nachstehenden Lebensgesetze zu Ihren Maximen und denken Sie solange über jedes einzelne Gesetz nach, bis Sie es verinnerlicht haben. Dann wenden Sie sich dem nächsten zu. Das geschieht am besten in der täglichen Meditation, in der Stille.

> *Meditation heißt Betrachtung. Nur was wir in Ruhe betrachten können, kann in Verbindung mit unserer Erfahrung zur neuen Erkenntnis werden und zur überzeugten Anwendung gelangen. Es denkt in uns, während wir betrachten. Das ist die Kraft der Meditation.*

1. Wenn Sie eine Idee und ihre Umsetzung für richtig befinden, wird *Ihr Unterbewußtsein automatisch an der Verwirklichung arbeiten* und Ihnen zielgerichtet helfen.

2. *Vertrauen haben – heißt das wahre Geheimnis des Erfolges.* Vertrauen weckt alle Kräfte der Seele und des Geistes – bei Ihnen und bei Ihren Mitmenschen und Helfern. Wer Vertrauen hat, dem wird geholfen.

3. *Betreiben Sie Mentalhygiene.* Saubere Gedanken sind ebenso wichtig wie ein sauberer Körper und saubere Kleidung. Werden Sie Herr Ihrer Gefühle und Ihres Denkens – nur dann lenken Sie Ihr Schicksal selbst, statt gelenkt zu werden.

4. Jeder Mensch bringt besondere Fähigkeiten für seinen Lebensweg mit in diese Existenz. Sie müssen jedoch entdeckt, gefördert und ausgebaut werden. Erst dann kann der Mensch »seinen« Weg gehen und zu seiner Vollendung gelangen.
*Mensch, werde wesentlich!*

5. *Alles im Kosmos besteht aus anziehenden und abstoßenden Kräften.* So sind auch um jeden Menschen positive und negative Schwingungen. Bemerken Sie, wo, was und wer Sie negativ einstimmt und befreien Sie sich davon. Alles, was positiv auf Sie einwirkt, verstärken Sie, weil Sie diese Schwingungen zur Entfaltung Ihrer Persönlichkeit brauchen. Wenden Sie sich Ihren Förderern zu – und streiten Sie nicht mit Ihren Kritikern.

6. ›*Du gleichst dem Geist, den Du begreifst*‹ – sagt Goethe. Sie werden also im Leben nur das erfahren und annehmen, was Sie verstehen können. Wenn Sie mehr verstehen wollen, müssen Sie sich ständig um Wissenserweiterung bemühen. Das ist die Fähigkeit, analytisch und ganzheitlich zu denken, entscheiden und urteilen zu können und klare Schlüsse zu ziehen.

Wissenserweiterung heißt jedoch nicht, statisch im Denken zu werden, sondern täglich offen zu sein für alle Möglichkeiten und vor allem für alle Unmöglichkeiten.

7. *Nur der Gleichklang von Bewußtsein und Unterbewußtsein führt zur Entwicklung.* Jeder Mensch braucht täglich den Kontakt mit seinem Unterbewußtsein in der Stille. Nur so können Sie lernen, diese feine Schwingungsstimme des Unterbewußtseins auch während des Tages zu hören, die Ihnen Zustimmung oder Ablehnung, Vorsicht oder Aktion signalisiert.

8. *Negative Umwelteinflüsse können zu negativen Antrieben werden.* Halten Sie Ihre persönliche Umwelt sauber. Belasten Sie sich nicht durch ›seelische Verschmutzungen‹, die auch Ihr Denken und Handeln beschmutzen, ohne daß Sie es wollen. Das Unterbe-

wußtsein ist wertfrei. Es nimmt alles auf, was es hört und sieht, ohne zu differenzieren, ob es gut oder schlecht für Sie ist. Diese Entscheidung müssen Sie selbst vorher treffen. Jeder negative Gedanke, jeder Fernsehmord oder Angstbereich wird zu einem negativen Impuls.

# Persönlichkeitstraining

Üben Sie zwei Wochen lang, überzeugend, erfolgreich und persönlichkeitsstark zu sein.

1. **Ich sehe erfolgreich aus, ich lächle, ich denke, spreche, gehe, handle und reagiere, als wenn ich schon die Persönlichkeit wäre, die ich gerne werden möchte.**
2. **Ich behandle jeden Menschen, als sei er der wichtigste Mensch der Welt.**
3. **Ich vergeude keine Zeit und Energie, indem ich mir über unnütze Dinge Sorge bereite. 40 % davon werden sowieso nie stattfinden und lösen sich von selbst. 30 % haben bereits stattgefunden und können nicht mehr geändert werden. 12 % sind nebensächliche, vollkommen unwichtige Sorgen. Nur 6 % sind echte Sorgen. Ich werde die wirklichen Sorgen von den unnötigen Sorgen trennen und mich auf die konzentrieren, welche im Rahmen meiner Möglichkeiten zur Zeit lösbar sind.**
4. **Ich versuche mich nicht von negativen Gedanken zu befreien, sondern jeden negativen Gedanken sofort in einen positiven zu transformieren.**
5. **Ich betrachte jeden Tag als eine Einheit, als eine Etappe, die am Abend abgeschlossen ist. Ich mache mir keine Sorgen um den kommenden oder gar die kommenden Tage. Ich konzentriere mich immer auf diesen einen Tag. Ihm schaue ich fröhlich ins Auge, so wie der Tag kommt, mit dem Wissen, daß ich ihn erfolgreich beenden werde.**

6. **Ich beachte die kleinen Aufmerksamkeiten meiner Umwelt besser und führe ein Tagebuch der Freude.**
7. **Ich habe meine Ziele schriftlich formuliert – kurz-, mittel- und langfristige. Täglich schaue ich auf diese Planung zur Selbstmotivation.**
8. **Was ich mir lange vorgenommen habe, starte ich in diesen zwei Wochen: Sei es eine Diät, nicht mehr zu rauchen, weniger zu trinken, mehr zu schlafen oder mehr Zeit für die Familie zu haben.**

Das Ergebnis nach zwei Wochen:

**Sie sind, was Sie sich vorstellen.
Es ist der Geist, der sich den Körper baut.**

## Gedanken sind Kräfte mit der Frage, die sich jeder täglich stellen sollte.

Diese Fragen sollten Sie sich täglich stellen:

*»Wird mein Denken durch meine Wünsche oder durch meine Befürchtungen bestimmt?«*

Vielleicht wird Sie die Antwort überraschen:

| *»Der Mensch kann sein Schicksal beeinflussen.«* |
|---|

Diesen erkenntnisreichen Gedanken sollten Sie künftig nicht wieder zur Seite legen. Das zwingt Sie jedoch, Ihre Aufgaben und Chancen bewußt zu erkennen und zu ergreifen.

Ein Blick ins Geschichtsbuch zeigt, daß zu allen Zeiten Menschen gelebt haben, die ihr Leben selbst in die Hand genommen und gestaltet haben.

Damit dieser Leitgedanke für Sie noch suggestiver und interessanter wird, müßte er heißen:

| *Ich kann mein Schicksal und meine Zukunft selbst gestalten.* |
|---|

Aus diesem wirklich wichtigen Satz für unser Leben ergeben sich mehrere zwingende Fragen für jeden:
*»Will ich überhaupt mein Leben selbst gestalten?«*

Beantworten Sie diese Frage nicht schnell und oberflächlich mit Ja, ohne sich über Ihr bisheriges Verhalten Klarheit zu verschaffen.

Sollten Sie zu den Ausnahmemenschen gehören, die ehrlichen Herzens *»Ja«* sagen können, möchte ich Sie weiterfragen:

- *»Seit wann und mit welchem Erfolg haben Sie bisher Ihren Lebensweg beeinflußt?«*
- *»Können Sie mit Ihren Erfolgen wirklich zufrieden sein?«*

Oder haben Sie immer wieder das Gefühl, daß eigentlich viel mehr in Ihnen steckt?

## Was will ich aus meiner Zukunft machen?

Will ich meinen Lebensweg – soweit möglich – selbst gestalten?

Dann muß mir die Macht der *»Idee«* bewußt werden. Am Anfang einer jeden Entwicklung steht eine Idee. Alles, was wir um uns herum sehen, ist aus Ideen entstanden. Eine Idee kann noch so klein sein, sie kann wachsen und sich weiter und höher entwickeln. Auch der Traum vom Fliegen war zunächst nur eine Idee, nur ein Wunsch. In der letzten Zeit haben wir gesehen, was aus dieser Idee geworden ist. Der Mensch erobert das Weltall weiter.

Das Geheimnis eines erfolgreichen und erfüllten Lebens liegt im Gehirn des Menschen. Unser Gehirn ist das höchstentwickelte Organ der Natur. Ein magisches Instrument, wenn man es zu spielen versteht. Es besitzt die Fähigkeit zu denken. Unter Denken – so sagt das Lexikon – wird die gesamte Verstandestätigkeit begriffen. Gedanken, so liest man weiter, sind Vorstellungsinhalte. Diese Vorstellungsinhalte lassen uns siegen oder untergehen.

Jetzt verstehen Sie das Zitat:

> *»Unser Leben ist das, was unsere Gedanken daraus machen.«*
> *Unsere Gedanken sind die Bausteine unseres Schicksals.*

Wir sind also heute das Produkt von dem, was wir in den letzten Jahren zusammengedacht haben. Wir sind die Verkörperung unseres Denkens. Damit liegt in unserem jetzigen und künftigen Denken der Schlüssel zur Veränderung unserer Zukunft. Auf den verschiedenen Ebenen unseres Lebens:

- der körperlichen Gesundheit
- der seelischen Gesundheit
- der zwischenmenschlichen Beziehungen
- der persönlichen Leistungsfähigkeit
- der materiellen Sicherheit

*Der Mensch ist die Verkörperung seines Denkens.*

Der traurige Mensch hat traurige Gedanken in seinem Kopf.

Der aggressive und der böse Mensch hat finstere Gedanken.

Ein verliebter Mensch denkt harmonisch, und ein humorvoller Mensch hat lustige Gedanken.

Einen kranken Menschen belasten weitere krankmachende Vorstellungen.

Und ein Versager hat ganz andere Gedanken im Kopf als ein Erfolgreicher.

Die »königliche Kunst«, seine Bewußtseinsinhalte zu beeinflussen, wie es im Raja-Yoga heißt, ist die Kunst, seine Gedanken zu beherrschen.

Vergegenwärtigen wir uns nochmals Buddhas Erkenntnis:

*»Herrschaft über das Denken gibt Macht*
*über Leib und Leben.«*

Um auf diesem Wege erfolgreich zu sein, ist es unsere erste Aufgabe, Ordnung in unser Gedankenleben zu bringen. Das gelingt Ihnen aber nur dann, wenn Sie sich Ihre Gedanken schriftlich bewußtmachen. Ihr Erfolg beginnt also mit einem Blatt Papier und einem Stift. Das ist der erste Schritt vom oberflächlichen Denken zur Konzentration und Festigkeit. Notieren Sie einmal alles, was Sie bisher aus Ihrem Leben gemacht haben. Denken Sie dabei noch einmal an die vorher beschriebenen fünf Ebenen.

Ganz gleich, zu welcher Beurteilung Ihres Lebens Sie gelangen, Sie schlagen eine neue, freie Seite in Ihrem Kalender auf, und die Fragen lauten:

*Was will ich aus dem Rest meines Lebens machen?*
*Was erwarte ich noch vom Leben?*
*Welche Ansprüche stelle ich an das Leben und an mich?*

Erst wenn Sie auch diese Übung schriftlich durchführen, wird Ihnen bewußt, ob es nur noch bergab geht oder ob Ihre guten Jahre erst kommen. Es wird Ihnen auch klar, ob Sie noch unerfüllte Wünsche haben oder ob Sie sich in Gedanken schon vom Leben zurückgezogen haben.

Es gibt Bäume, die sind 300 Jahre alt und wachsen und blühen immer noch weiter. Es soll Menschen geben, die erst 40 Jahre alt sind und schon aufgehört haben zu wachsen. Es sollte leuchtend vor Ihren Augen stehen:

| |
|---|
| *»Wer nicht an seine Zukunft denkt, hat keine!«* |

| |
|---|
| *Arbeiten Sie täglich an Ihrer Zukunft. Sie wird sich dadurch in Ihrem Kopf festsetzen, leben und wachsen.* |

*»Wer sich etwas Schlechtes prophezeit, muß davon ausgehen, daß es eintrifft.«*

Mißbrauchen Sie die schöpferischen Kräfte Ihres Denkens nicht. Richten Sie negative Gedanken weder gegen andere noch gegen sich selbst.

Betreiben Sie mentale Hygiene mit der Frage:

*»Wird mein Denken durch meine Wünsche oder durch meine Befürchtungen bestimmt?«*

> *Schöne Gedanken ziehen schöne Dinge an.*
> *Positive Vorstellungen ziehen positive Situationen an.*

Die meisten Menschen sind sich der Bedeutung ihres Denkens gar nicht bewußt, und darum verläuft ihr Leben so recht alltäglich.

> *Denken ist ein bioelektrischer Prozeß. Immer wenn wir uns schriftlich mit unserem Zukunftsplan beschäftigen, leuchten Informationsbilder auf.*

Unser Gehirn ist produktiv tätig und zwar nach innen und außen. Immer genauer und immer konkreter werden unsere Vorstellungsinhalte, die uns lenken und leiten. Seit vielen Jahren spricht man in der Biologie und anderen Wissenschaften von den inneren Steuerungsvorgängen. Nur in der Praxis setzen viel zu wenig Menschen diese kybernetischen Erkenntnisse um.

Unser Denken beeinflußt unsere Gesundheit, unser Aussehen, unser Auftreten, unser Sprechen, unsere Vitalität – ja unser gesamtes Verhalten.

Es gibt nicht nur in der Atomphysik eine Kettenreaktion. Das schriftliche Planen und Denken ist die Voraussetzung für die Kettenreaktion des Positiven in Ihrem Leben.

*Vergessen Sie darum nie:*
*»Jeder Gedanke hat die Tendenz, sich zu realisieren«.*

Erarbeiten Sie schriftlich die wünschenswerte Zukunft für sich und die Menschen, die Ihnen anvertraut sind.

Die ständige Wiederholung einer Idee wird zum Glauben.

Der Glaube ist es, der Berge versetzt.

> *»Wer heute einen Gedanken sät, erntet morgen die Tat, übermorgen die Gewohnheit, danach den Charakter und endlich sein Schicksal.«*
>
> *Gottfried Keller*

Menschenführung setzt Menschenkenntnis voraus. Sie setzt voraus die Fähigkeit und das Bewußtsein:

> *»Ich will führen.«*

Im Dritten Reich ist das Bewußtsein, Menschen zu führen, sehr negativ eingesetzt worden. Viele junge Menschen denken, wenn sie das Wort »führen« hören, deshalb gleich an Manipulation. Dwight D. Eisenhower hat einmal gesagt:

> *»Menschen führen heißt, einen Menschen zu veranlassen, das zu tun, was man will – weil er selbst es will.«*

Also nicht gegen die Interessen des Menschen, sondern im Einklang mit der Natur des Menschen. Wirkliche Menschenführung, wirkliche Mitarbeiterführung sollte heute heißen: Seine Mitarbeiter erfolgreicher zu machen, nicht seine Mitarbeiter zu dominieren oder, noch schlimmer, seine Mitarbeiter auszunutzen. Ein Mitarbeiter, der sehr erfolgreich ist, fühlt sich bestätigt, blüht auf, weil er Erfolgserlebnisse hat. Aber ein Mitarbeiter, der nicht erfolgreich ist, fühlt sich ausgenutzt, demotiviert sich selbst und wird vielleicht zu einem Nörgler oder Querulanten.

## Wer motiviert den Motivator?

Nur eine Flamme, die brennt, kann auch andere entzünden. Dazu gehören immer drei Dinge:
der Motivator,
das Motiv und
die Mitarbeit,
also die zu Motivierenden. Aber ohne großes Ziel gibt es keine Motivation. Um Menschen zu begeistern, müssen Sie erst einmal selbst ein Mensch sein, der an sich und seine Ziele glaubt. Erst dann können Sie diesen Glauben auch in anderen erzeugen. Selbst wenn Sie große Schwierigkeiten und Probleme haben, solange Sie an sich, an Ihr Unternehmen und an Ihre Zukunft glauben, kann Ihnen im Grunde nichts passieren.

# Die Bedeutung der Vergangenheit für die Zukunft

> *Was Du ererbt von Deinen Vätern hast,*
> *erwirb es, um es zu besitzen.*

Setzen wir uns doch einmal mit diesem Gedanken von Goethe auseinander.

Immer wieder wird heftig über die Fragen der Erbanlagen diskutiert. Aber bei all diesen Diskussionen ist erstaunlich, daß gerade die Verfechter der Theorie der Erbanlagen immer sehr ratlos auf die Frage reagieren: Was Sie denn alles geerbt haben? Die meisten Menschen scheinen vergessen zu haben, was sie geerbt haben.

Viele Menschen sind sehr glücklich, wenn sie die Chance bekommen, materiell etwas zu erben. Aber wir wissen auch, daß wir die Freiheit haben, ein Erbe auszuschlagen.

Ein Mensch, der nicht weiß, wer er ist und was er ist, wird nie begreifen, was er will. Er irrt mit all seinem Wissen und seiner Kraft ziellos umher. Sehr deutlich und nachvollziehbar hat dies der bekannte Historiker Golo Mann beschrieben:
*»Es kann uns wohl vorkommen, daß wir mitten in der Nacht erwachen, im Zimmer ist es stockdunkel. Wir greifen nach der Lampe. Aber wir können sie nicht finden; denn es ist ein unvertrautes Hotelzimmer. Einen kurzen Augenblick erschrecken wir sehr. Wir wissen nicht, wo wir augenblicklich sind oder wo wir gestern abend waren. Ja, während des Bruchteils einer Sekunde wissen wir nicht einmal, wer wir sind. Dann, schnellstens bringt das Gedächtnis die Dinge ins Lot. Natürlich, wir sind ja in der Stadt X, wo wir gestern ankamen, und jetzt sind wir in einem Hotelzimmer. Die Wand ist links und nicht rechts, wie bei uns zu Hause. Die Lampe ist rechts und nicht links. Jetzt leuchtet sie auf, dort ist das Fenster, draußen die*

*Straße, alles ist wieder in Ordnung. Indem wir wissen, wo wir sind und wie wir dahin kamen, wissen wir auch wieder, wer wir sind.«*

Ohne Gedächtnis wüßten wir das nicht. Ohne Erinnerung müßten wir ständig dumpfe Angst erfahren und hätten zudem keine bewußte Identität. Ohne Gedächtnis gäbe es keine Vergangenheit. Es gäbe auch keine Zukunft. Ich denke:
*»Übermorgen ist Freitag, da bekomme ich mein Geld und will mir das und das besorgen.«*

Aber, daß übermorgen Freitag ist, weiß ich nur, weil ich weiß, daß vorgestern Montag war. Erinnerten wir uns nicht an die Vergangenheit, könnten wir auch keine Zukunft planen.

Für die Menschheit ist die universale Geschichtswissenschaft das, was das Gedächtnis für den einzelnen ist. Es hält die Vergangenheit zusammen. Es gibt dem Begriff Menschheit erst seine Wirklichkeit. Universalgeschichte ist das Gedächtnis der gesamten Menschheit. So wie manchmal der einzelne sein Leben nachdenklich an sich vorüberziehen läßt, so lassen die Historiker bestimmte Zeitabschnitte prüfend an sich vorüberziehen. Welche Aufgaben wurden recht erfüllt, welche nicht? Welche schweren Fehler wurden begangen und warum? Welche Motive, Interessen, Konflikte, abergläubischen Überzeugungen trieben die Menschen an? Welche Schöpfungen erleben und wirkten weiter fort? Was war Plan, und was war blinder Zufall oder unvorhersagbares Ereignis? So wird Vergangenes erkannt, geprüft, bewertet und begriffen. Wie eines aus dem anderen kam, bis man Schritt für Schritt endlich da anlangte, wo wir heute sind. Wir werden nie ohne Vergangenheit leben, täten wir es, so würden wir nicht lange leben, sondern uns selber nicht mehr verstehen und zugrunde gehen. Und wenn wir das nicht hätten, diese Begegnung, diesen Dialog mit der Vergangenheit, so wären wir arm und verloren, wie ein ausgesetztes Kind.

Bildung, Wissen, Erfahrung und Erlebnisfähigkeit ist ein ununterbrochener Dialog mit der Vergangenheit.

Für Teilhard de Chardin ist diese Welt ein bewußtes und so gewolltes Werk Gottes.

Alle Religionen, die die Existenz eines Gottes voraussetzen, gehen davon aus, daß die Welt als wohlüberlegter Akt göttlichen Willens geschaffen wurde. Einige Wissenschaftler sprechen nicht vom Schöpfungsakt, sondern lieber vom Urknall.

Wenn wir die Geschichte des Universums von heute zurückverfolgen, über die vielen Stufen der Entwicklung, fällt es schwer, an den bloßen Zufall zu glauben.

Vor kurzem fand ich ein schönes Zitat, welches diese These untermauert.

> *»Wenn wir aber nicht träumen, sondern forschen, so erscheint uns die Geschichte des Lebens nicht als eine Anhäufung von Zufällen, sondern großen Gesetzen unterstellt.«*

Vielleicht hat es Goethe noch treffender formuliert.

> *»Alle Gestalten sind ähnlich, und keine gleicht der anderen.«*

Lassen Sie mich noch einmal Teilhard de Chardin zitieren.

*»Die Evolution des Kosmos, die sich im langsamen Aufstieg vom Mineral zur Pflanze und von der Pflanze zum Tier und vom Tier zum Menschen vollzogen hat, hat keinen Grund, auf diesem Wege aufwärts innezuhalten. Die Menschheit in ihrer Gesamtheit betrachtet ist kein erstarrter Körper. Zudem ist sie sehr jung; denn sie existiert erst seit 100 000 Jahren, während das Leben vor mehr als 300 Millionen Jahren auf einer etwa 3 Milliarden Jahre alten Erde erschienen ist.*

*Der Mensch befindet sich erst in einem embryonalen Zustand, die Bewegung des Lebens dauert fort, nichts ist je zum Stillstand gekommen. Die Zukunft des Menschen öffnet sich auf eine nicht vorstellbare Bestimmung hin, die in nichts mit allem uns Bekannten vergleichbar ist.«*

A. Toynbee hat sich ein Leben lang mit den verschiedensten Kulturen der Menschheit beschäftigt. Er versuchte herauszufinden, warum so viele große Kulturen untergegangen sind. Sie wissen, daß unsere ›Philosophie des Erfolgreichen Weges‹ auf den Säulen des abendländischen Denkens beruht. Wir wissen heute, daß eine Kultur, an deren Wertgehalt nicht mehr geglaubt wird, untergeht. Denn dann fehlen die entscheidenden Kräfte, um sie noch eine Stufe weiter zu entwickeln.

Wir betrachten die Welt auch ein klein wenig durch die Brille Albert Schweitzers. Er stellte fest, daß im Leben die Tendenz vorhanden sei, sich selbst zu bejahen. Die Selbstbejahung des Willens zu leben, ist naturhaft vorgegeben. Albert Schweitzer spricht von der Lebens- und auch von der Weltbejahung. Und Karl Jaspers sagt in seinem Buch vom Ursprung und Ziel der Geschichte:

> *»Wo der Glaube nicht mehr Grund des Lebensgehaltes ist, da bleibt nur die Leerheit. Wo man mit sich unzufrieden ist, gibt man die Schuld anderen.«*

Wenden wir uns der Geschichte der Evolution zu. Wenn wir uns die Geschichte der Menschen ansehen, hat sich nicht nur die Welt von Stufe zu Stufe höher entwickelt, sondern wir Menschen haben bis heute überlebt.

Deshalb, weil unsere Vorfahren so erfolgreich waren. Weil es der Menschheit gelungen ist, Hunderttausende von Krisen immer wieder zu meistern.

Wenn wir über unsere Erbschaft nachdenken, erkennen wir, daß wir in unserem Erbgut nicht nur die Erfahrungen aller Erfolgreichen der Vergangenheit tragen, sondern auch eine enorme Lernfähigkeit für unsere eigene Zukunft.

Unsere Erde hat viele große Männer und Frauen erlebt, und ihre menschliche Größe zeigte sich im Denken und Handeln. Wenn wir heute zurück in die Vergangenheit schauen, können wir nur mit Respekt bewundern, was die Menschheit bis heute vollbracht hat. Das sollte bestimmend sein für Ihr Leben und Ihre Ziele. Man muß sich nicht nur in seiner Biographie zu Hause fühlen, sondern stolz auf seine Vergangenheit blicken können.

## Schreiben Sie Ihre eigene Biographie.

### Wer die Zukunft gestalten will, sollte die Ströme der Vergangenheit genau kennen.

Ich möchte Sie motivieren, Ihre persönliche Biographie zu schreiben. Keine Angst, Sie sollen nicht einen 300-Seiten-Bestseller auf den Markt bringen, sondern zehn oder 20 Seiten DIN A4 beschreiben. Den Umfang bestimmen Sie selbst – und er ergibt sich automatisch beim Schreiben. Vielleicht könnte das eine Aufgabe für Ihren Urlaub sein, wenn Sie sich ja eigentlich immer vornehmen, etwas mehr Rückschau und Vorschau zu halten, um die Fehler, die Sie vermeintlich im Alltag machen, künftig nicht mehr zu tun.

### Man tut nur, was einem nutzt.

Sie werden erkennen, eine Biographie ist eine Reise in die eigene Vergangenheit. Vielleicht sogar ein Spaziergang in ein scheinbar unbekanntes Land. Es gilt dabei, Menschen und Geschehnissen erneut zu begegnen. Und zwar einmal nicht aus der bisherigen – eindeutig bewertenden – Perspektive, sondern aus einer lernenden.

Unser Leben ist ein Lernprozeß, und wir sind nicht auf dieser Erde, um es uns so angenehm wie möglich zu machen, sondern um Erkenntnisse und Erfahrungen zu sammeln und uns weiterzuentwickeln. Deshalb geschieht auch nichts umsonst oder zufällig, sondern alles hat seine Sinnhaftigkeit und will uns etwas lehren. Die Begegnung mit einem Menschen gehört ebenso dazu wie die Begegnung mit einer Krankheit oder einem Mißerfolg. Jede Situation will uns etwas vermitteln. Nehmen wir das Signal auf, werten es richtig und bauen es als Erkenntnis in unser weiteres Leben ein, dann haben wir davon profitiert. Verdrängen wir es – und machen so weiter wie bisher, haben wir uns rückentwickelt; denn dann wird ein ähnliches Ereignis uns das nächste Mal massiver treffen, damit wir verstehen. Und tun wir es immer noch nicht – müssen wir uns über die Konsequenzen nicht wundern, die wir dann als sogenanntes »Schicksal« bezeichnen.

Ihre Biographie ist zudem eine Möglichkeit der Selbstanalyse, um Kreativität und Kraft für den zukünftigen Weg frei zu setzen. Eine persönliche Biographie erbringt nicht nur eine Fülle von Selbsterkenntnis, sie macht auch darüber hinaus frei. Wie vor einem Spiegel erkennen und durchschauen wir Lebenssituationen und erahnen unsere Lebenslinien. Wir erkennen, wohin unsere Energien bewußt und unbewußt geflossen sind. Und wir begreifen, wie wichtig das Sehen, Wachsen, Reifen und Ernten ist. Wir begreifen außerdem die Bedeutung der Zeit – und der besseren Nutzung der Zeit. Jahre später können wir erkennen, wie wir an Fehlschlägen gewachsen sind. Wir begreifen, wie aus Minderwertigkeitskomplexen unser Selbstbewußtsein wuchs. Wir erkennen, wie negativ sich Neid, Eifersucht und Mißgunst auswirkten. Und es besteht eine wunderbare Chance, unsere Kurzsichtigkeit zu überwinden. Die Beschäftigung mit unserer eigenen Geschichte hilft uns zu erkennen, wer wir sind und was wir wollen. Wir können erkennen lernen, wie verheerend sich Vorurteile auswirken. Das Gedächtnis ist die Schöpfkammer des Lebens, die Möglichkeit, uns unseres Speicherreichtums bewußt zu werden. Deshalb ist das Erarbeiten einer persönlichen Biographie sowohl Bewußtseinserweiterung wie Arbeit am eigenen Charakter. Wir gelangen zu einer großen, geistigen Selbständigkeit und Unabhängigkeit. Wir lernen unsere bisherigen Erfahrungen kennen, bewerten und weiter entwickeln. Der Kern unserer Persönlichkeit wird fester, wir reifen und wachsen durch uns selbst.

## Entrümpeln Sie Ihre Vergangenheit.

Eine persönliche Biographie bietet eine wunderbare Möglichkeit, unnötigen Ballast der Vergangenheit endlich einmal über Bord zu werfen. Durch neue distanzierte Betrachtung erhalten alle Geschehnisse und Begegnungen einen ganz anderen Stellenwert. So können wir Ereignisse entweder »als erledigt abschließen«, »als noch unerledigt wieder aufgreifen« oder die Erkenntnisse verwerten. Aber es bringt uns nicht weiter, uns mit Belastendem herumzuschlagen.

Erfolglose Menschen neigen dazu, ihre Geschichte beiseite zu schieben und zu verdrängen. Wer aber weiß, daß er nur aus seiner eigenen Geschichte lernen kann, wird sich seiner selbst voll bewußt. Wir können auch nur durch eine solche Biographie unsere eigene Polarität verstehen und akzeptieren. Gerade nach Fehlschlägen und Mißerfolgen ist es nützlich, sich zu besinnen; denn die Vergangenheit ist das Fundament des Heute und Morgen. Die Biographie stabilisiert unser Fundament. Wer auf keinem festen Fundament steht, es vielleicht nicht einmal kennt, wird darum keinen festen Stand bekommen im Strom der Zeit. Eine Biographie zwingt uns zur Auseinandersetzung und gibt uns einen Maßstab, Wertloses vom Wertvollen zu unterscheiden. Sie stärkt für die Aufgaben der Zukunft. Denn wenn wir nicht wissen, woher wir kommen, wie sollen wir wissen, wer wir sind und wohin wir wollen.

Nicht nur in der Geschichte eines Volkes gibt es chaotische Verstrickungen bis zum totalen Zusammenbruch. Nein, diese Erscheinungen können wir auch in Lebensläufen von Menschen beobachten. Ein kleines, verdrängtes Ereignis zieht das andere nach sich, und plötzlich ist es eine Lawine, die den Menschen zu erdrücken droht.

Viele Personen kommen in eine Therapie, um einen neuen Lebensanfang zu suchen. Das ist aber nur dann möglich, wenn man bereit ist, aus seiner eigenen Vergangenheit zu lernen. Es gibt kein Aussteigen aus seiner eigenen Geschichte, darum versuche ich, den Menschen zu seiner eigenen Identität zu führen. Denn nichts ist schlimmer als der Verlust der eigenen Identität.

**Heute ist das Morgen, worüber wir uns gestern Sorgen machten.**

Jeder von uns hat bei seiner Geburt die Fahrkarte für sein Leben erhalten. Wir sollten diese Reise durch unser Leben dazu benutzen, unser Ziel, sprich unsere Selbstverwirklichung, zu erreichen. Nicht alles, was wir in unserem Leben erlebt haben, ist gut und bewahrenswert. Wir sind an Bahnhöfen ausgestiegen, die uns nichts gebracht haben.

Darum gibt die persönliche Biographie Anregungen zum positiven Wandel. Wir lernen begreifen, daß wir unserer Geschichte nicht entfliehen können. Es gibt keinen Neuanfang, da wir uns von unserer Vergangenheit nur durch das Entfernen unseres Gehirns befreien könnten. Wir alle tragen ständig nicht nur unseren Körper, sondern auch alle bisher gemachten Erfahrungen mit uns herum. Nur ein Mensch, der sich selbst versteht, begreift und akzeptiert, kann auch mit seinen Mitmenschen in Freundschaft leben und zur gegenseitigen Entwicklung beitragen. Wir wissen, daß ein Mensch, der sich nicht mag, auch mit seiner Umwelt in Streit liegt. Durch unsere persönliche Biographie erkennen wir, daß es an uns liegt, jeden Tag neu zu gestalten. Es liegt einzig und allein an uns, Probleme, Konflikte, Zwistigkeiten, schwelende Prozesse und Verärgerungen zu beseitigen.

*»Nichts ändert sich, außer ich ändere mich.«*

So erlernen wir aus der Vergangenheitsbetrachtung die Kunst, aus allem das Beste zu machen. Wir begreifen, ganz gleich, wo wir heute stehen, daß sich noch vieles verbessern läßt. Unsere Beziehungen zu unseren Mitmenschen, zu uns selbst, zu unserer Entwicklung und unserer Aufgabe. Um über unsere Zukunft nachzudenken, müssen wir aus unserer Vergangenheit lernen.

Eine persönliche Biographie soll darum kein Blick zurück im

Zorn sein, sondern wir blicken zurück, um noch klarer voraus zu blicken. Eine persönliche Biographie ist wie ein Blick ins Tal von einem hohen Berg. Unsere Vision für die Zukunft wird klar.

## Übung

Um zu erfahren und zu lernen, warum Sie den Menschen Ihres Lebens begegnet sind, schreiben Sie sich Erkenntniskarten. Nehmen Sie am besten DIN A5-Karteikarten und schreiben Sie:

- Welche Erkenntnisse hat mir mein Vater vermittelt?
- Welche Erkenntnisse hat mir meine Mutter vermittelt?

Je Karte nehmen Sie sich eine Person Ihres Lebens vor und notieren Sie alle Plus- und Minuspunkte pro Person. Was Sie ohne Mühe akzeptieren – und was Sie persönlich weiterentwickelt oder verstärkt hat, können Sie vergessen. Wo Sie sich nach wie vor am meisten reiben und darüber ärgern, dort müssen Sie noch an sich arbeiten und lernen.

# Intuition

## Suche nicht – sondern erkenne!

*Intuition ist das Geheimnis, in jeder Situation spontan das Richtige zu tun.*

Wir alle wollen zwar immer mehr wissen, streben aber selten nach mehr Glauben. Wissen und Glauben sind jedoch keine feindlichen Brüder, sondern hilfreiche Berater auf unserem Lebenswege.

Als Adam und Eva vom Baum der Erkenntnis gegessen hatten, wurde ihr Leben nicht einfacher, sondern schwieriger, die Probleme des Lebens begannen. Wenn der Verstand es gewesen ist, der uns aus dem Paradies vertrieb, kann es auch nur der Verstand sein, der uns helfen kann, den Weg zurückzufinden.

Die Natur hat an beides gedacht. An den Verstand und an die Intuition und gab dem Menschen daher nicht zur zwei Füße, zwei Hände und zwei Augen, sondern auch zwei Gehirnhälften. Wir erleben auch hier, wie überall in der Natur, das Dualitätenprinzip von Yin und Yang.

Oft sagen mir die Menschen:

*»Natürlich kann ich, was ich mir vornehme. Doch ich weiß nicht genau, was ich wirklich will.«*

Oft wissen wir besser, was *andere* von uns erwarten bzw. was wir nicht wollen. Wir nehmen uns zwar regelmäßig zum Fernsehen o.ä. Zeit, aber wir nehmen uns nicht die Zeit, um herauszufinden, was wir eigentlich in diesem Leben wollen, was wir erreichen möchten.

Ein Mensch, der nicht genau weiß, was er will, wird vergeblich auf Kreativität oder Intuition warten. Dabei ist alles in uns, auch das Wissen über unseren Lebensweg und vor allem über unsere

Fähigkeiten. Schlechthin für alles, was wir tun müßten, um unsere Ziele reibungslos zu erreichen.

Das menschliche Gehirn hat eine natürliche Neigung zur Routine, andererseits ist Phantasie jedoch die Quelle des Fortschritts. In naher Zukunft wird sie vielleicht sogar von größerem Wert für die Völker sein als Bodenschätze. Ein Land oder ein Unternehmen wird die anderen um so weiter überflügeln, je mehr schöpferische Einwohner oder Mitarbeiter es besitzt.

Die Geisteshaltung des 19. Jahrhunderts, als man nur dem Glauben schenkte, was man sehen, berühren, erklären und logisch ableiten konnte, gehört endgültig der Vergangenheit an. Die Fülle unserer rationalen Erfahrung gestattet es uns, Erkenntnisse, die außerhalb der Reichweite unserer Vernunft liegen, nicht mehr als unexistent oder belanglos abzutun.

Die Schriften der Mystiker enthalten ebensoviel Wahrheit wie die der Physiker. Es gibt viele Wahrheiten, und es ist ein Zeichen von Intoleranz, wenn man nur seine eigenen Erkenntnisse gelten läßt. Die Existenz des Irrationalen anzuerkennen, kann zu einem Schlüssel werden, der uns hilft, die Zukunftstüren zu öffnen. Daß man begabter ist, als man ahnt, wird deutlich, wenn man lernt, sich Inspirationen hinzugeben, weil mit der wachsenden Zahl der Einfälle und Einsichten das Wachwerden neuer Kräfte und Fähigkeiten einhergeht.

Ein Einfall ist etwas Dynamisches und besitzt eine zündende Kraft. Er erhellt wie ein Blitz die Situation und macht Wege und Möglichkeiten sichtbar, die vorher unerkennbar waren.

Von Nietzsche stammt die Einsicht:

*»Das Wesentliche an jeder Erfindung tut der Zufall, aber den meisten Menschen begegnet dieser Zufall nicht. Was er Zufall nennt, ist in Wahrheit der Einfall, und der begegnet jedem, der sich für ihn wach und bereit hält.«*

Albert Einstein spielte in der Zeit, als er die Grundlagen seiner Relativitätstheorie schuf, oft mit Hingabe Geige oder las in den Werken der großen Philosophen und Mystiker, um seinen schöpferischen Inspirationssinn zu aktivieren.

Viele erfolgreiche Menschen verlassen sich auf ihre Ahnungen, ihre Vorgefühle für das Rechte oder das Kommende. Dieses instinktive Gespür wurzelt im Unterbewußtsein, dessen Vorausschaufähigkeit weiter reicht als die begrenzte Sicht unseres Bewußtseins. Diese Gabe der Intuition ist jedem Menschen zu eigen und kann durch Bejahung und Übung entfaltet und weiterentwickelt werden.

Wo das leibliche Auge an der sichtbaren Oberfläche haftet, dringt das Auge des Geistes in die Tiefen der größten unsichtbaren Wirklichkeit ein. Durch die Aktivierung der Inspiration wirken wir befruchtend auf unsere Ratio ein.

Unser innerer Ratgeber sieht also nicht nur die Oberfläche einer Sache, eines Problems oder eines Projektes, sondern durchschaut es komplett, bis auf den Grund. Er erkennt auch die letzten Auswirkungen unserer Pläne und Entscheidungen und kann uns deshalb viel umfassender sagen, ob wir etwas lassen sollen oder wagen können. Wir müssen unserem Inneren nur die Chance geben, sich zu äußern.

Saint-Exupéry läßt diese Weisheit in seinem kleinen Prinzen auf das wunderbarste anklingen.

*»Adieu«*, sagte der Fuchs, *»hier ist mein Geheimnis, es ist sehr einfach, man sieht nur gut mit dem Herzen:*

*Das Wesentliche ist für die Augen unsichtbar!«*

*»Das Wesentliche ist für die Augen unsichtbar«*,
wiederholte der kleine Prinz, um es sich zu merken.

Um in der Praxis mit dem Unterbewußtsein arbeiten zu können, ist es notwendig, unsere innere Welt zu begreifen. Vertiefen

Sie sich deshalb noch einmal in die verschiedenen Schichten des Bewußtseins.

Das kleinste Dreieck ist unser Ich, unser Bewußtsein. Hier sollten die wichtigsten Entscheidungen unseres Lebens getroffen werden (Abbildung 1). Nun kann sich unser Ich von außen, von anderen Menschen, beraten lassen – aber – und darauf kommt es jetzt an, auch von innen; denn unser Ich hat noch zwei Ratgeber, unser Unterbewußtsein und das Urwissen.

Wenn Sie beginnen über die drei Stufen unseres Bewußtseins zu meditieren, werden Sie erkennen, daß alles in uns liegt. In uns liegt der gesamte Kosmos, Sinn, Sein, Denken, Aufgaben und Lösungen – und sonst nirgendwo.

In einem orientalischen Märchen entschlossen sich die Götter eines Tages, das Universum zu schaffen. Sie schufen die Sterne, die Sonne, den Mond, die Meere, die Berge, die Blumen und die Wolken. Und dann schufen sie menschliche Wesen. Ganz zum Schluß schufen sie die Wahrheit. An diesem Punkt jedoch entstand ein Problem. Wo wollten sie die Wahrheit verstecken, damit sie die Menschen nicht sofort finden konnten. Sie wollten das Abenteuer der Entdeckung verlängern.
*»Laßt uns die Wahrheit auf den höchsten Berg der Welt stellen«,*
sagte einer der Götter,
*»dort wird sie sicherlich ganz schwer zu finden sein.«*
*»Laßt sie uns auf dem entferntesten aller Sterne verstecken«,*
sagte ein anderer.
*»Laßt sie uns in den tiefsten und dunkelsten Abgrund stecken«,*
war eine andere Meinung oder
*»verbergen wir sie auf der unsichtbaren Seite des Mondes.«*

Schließlich sagte der älteste und weiseste Gott:

*»Nein, wir werden die Wahrheit im Herzen der Menschen verbergen. Auf diese Weise werden sie im ganzen Universum danach suchen, ohne gewahr zu sein, daß sie die ganze Zeit die Wahrheit in ihrem eigenen Herzen tragen.«*

Wenn es also jemanden gibt, der uns wirklich raten kann, der einen Überblick hat über unser Leben, dann ist es unser Inneres – unser Selbst.

Wir sollten also wie Sokrates täglich mit unserem Daimonium (unserer inneren Stimme) sprechen. Unser Unterbewußtsein besitzt drei Informationsquellen:

1. Alle in unserem Gedächtnis gespeicherten individuellen Eindrücke und Beobachtungen sowie unser durch Bildung erworbenes Wissen.
2. Alle im Urwissen gespeicherten Informationen des Lebens, das umfassende Wissen der Schöpfung und der Evolution.
3. Die dritte Quelle ist das Wissen, das andere Menschen auf die gleiche Weise in sich tragen und das wir bewußt und unbewußt durch Telepathie nutzen.

Daß unser Unterbewußtsein in Bruchteilen von Sekunden entscheiden und handeln kann, hat jeder von uns schon bei einer kritischen Situation im Straßenverkehr bemerkt. Wir handeln, ohne zu überlegen, und sagen anschließend:
*»Wenn ich nicht einen solch guten Schutzengel gehabt hätte, dann ...«*

Henri Poincaré sagte einmal:

> *»Die Sicherheit und die Schnelle des Urteils scheinen von einer instinktiven Eingebung her zu rühren ohne logische Schlußfolgerung, vielmehr durch eine hellseherische Ahnung ist das Erkennen mit einem Schlage da.«*

Diese unendlich kostbare Gabe, die der Mensch bis zur Ebene der transzendenten Realität emporhebt, gehört also auch zu den unterentwickelten menschlichen Fähigkeiten, deren ausgewogenes Vorhandensein wir an einem Menschen *»Kultur«* nennen.

Wir werden unseren Weg um so sicherer gehen, je stärker und sicherer unsere Intuition ist. Die Realität des sogenannten 6. Sinnes gilt als hinreichend gesichert. Der 6. Sinn ist die schöpferische Phantasie. Von den Fähigkeiten dieser schöpferischen Vorstellungskraft machen die meisten Menschen ihr ganzes Leben hindurch keinen Gebrauch. Benutzen sie ihn wirklich einmal, dann nur zufällig und ebenso absichts- wie planlos. Nur eine geringe Anzahl von Menschen besitzt die Gabe der schöpferischen Phantasie und setzt sie überlegt und gezielt ein.

Alles liegt in uns. Die Tür zum Erfolg geht nach innen auf. Wir müssen offen werden in der Meditation. Wir können lernen, uns bewußt zu öffnen durch die folgende Autosuggestion.

> *»Unser Geist ist klug, aber man muß ihn fragen. Fragen steht vor dem Antworten.«*

Kipling schreibt zur Nutzung des Unterbewußtseins:
*»Ich habe sechs Bedienstete, die mich alles gelehrt haben, was ich weiß. Ihre Namen sind: Was, Warum, Wann, Wie, Wo und Wer. Unser Geist ist klug, aber man muß ihn fragen.«*

Fragen öffnet das Tor zum Unterbewußtsein. Denken Sie darum immer wieder an das Grundgesetz der Lebensentfaltung; im Denkgesetz 11 heißt es:

> *»Beachtung bringt Verstärkung.«*

Betrachten Sie also in Zukunft Ihr Unterbewußtsein als Ihren persönlichen Ratgeber und beginnen Sie mit der Praxis:

Sie benötigen einen großen Ordner, worauf Sie schreiben: *»Meine Zukunft«*

Auf den ersten Seiten, die Sie in den Ordner heften, notieren Sie alle persönlichen Wünsche und Ziele für Ihre Zukunft. Alles, was Sie noch lernen möchten, alles, was Sie noch erreichen möchten, alles, was Sie noch kaufen möchten, alles, was Sie noch sehen möchten. Differenzieren Sie dann bitte die folgenden Kapitel sehr sorgfältig:

1. Kapitel:
Meine beruflichen Ziele, meine beruflichen Fortschritte
2. Kapitel:
Meine privaten Wünsche und Ziele für Partner und Kinder
3. Kapitel:
Was ich alles für meine Gesundheit und Vitalität tun könnte.
4. Kapitel:
Erweiterung meines Wissens und meiner Bildung. Welche Bücher möchte ich lesen? Welche Seminare sollte ich für meine Weiterbildung noch besuchen? Vielleicht auch einen persönlichen Investitionsplan für die zukünftigen Erfolge.
5. Kapitel:
Wie kann ich meine Freizeit sinnvoll nutzen?

Allein das Herstellen eines solchen Zukunftsordners wird eine starke positive Wirkung in Ihnen auslösen. Sie gehen jetzt nicht mehr wie 95 % aller Menschen als Blinder in die Zukunft – nein, Sie planen jeden Schritt. Wenn Sie dann wenigstens einmal in der Woche diesen Ordner zur Hand nehmen, beginnt Ihr Unterbewußtsein automatisch kreativ zu arbeiten. Dieser Ordner wird Ihr Unterbewußtsein anregen und dieses daraufhin als persönlicher Berater sein Bestes geben. Zu Ihrer großen Freude können und werden Sie beobachten, daß sich Intuition immer stärker einstellen wird. Denn Einfälle sind Antworten der Seele. Und Sie werden vor allem eines bemerken, jeder Einfall wirkt beglückend und euphorisch.

Damit Ihr Leben immer mehr in Ordnung kommt, sollten Sie möglichst:

1. Mit Ihrem Ordner *»Meine Zukunft«* immer an derselben Stelle und am selben Schreibtisch studieren.
2. Immer zur gleichen Zeit.
3. Langsam atmen und ganz leise eine Cassette im Hintergrund laufen lassen.
4. Alle Gedanken, Ideen, Inspirationen sofort aufschreiben, ganz gleich wie sinnvoll es im Augenblick erscheint.

Es können erst dann bessere Ideen aus Ihnen herausfließen, wenn die vordergründigen Lösungen gedacht sind. Sie kennen unsere Autosuggestion:

*»Immer bessere Ideen werden mir bewußt.«*

Deshalb werden Sie bei jeder Übung ganz deutlich spüren, daß es die vollkommene Meditation ist, von der eigenen Zukunft zu träumen. Sie begreifen erst dann, daß wirkungsvolles Meditieren kein Herumträumen oder zufälliges Denken ist.

Gedanken sind nur dann wirkungsvolle, aufbauende Kräfte, wenn wir sie auf unsere persönlichen Ziele richten. Intuition ohne Ziele, ohne Wünsche und ohne Absichten wird Ihr Inneres nie erhellen und erleuchten; denn so wie bei unserem Körper jedes Gelenk, jedes Organ, jede Zelle eine sinnvolle Aufgabe hat, so hat auch das Leben jedes Menschen eine sinnvolle Aufgabe im Kosmos. Aus diesem Grunde gab uns die Schöpfung den Verstand und die Intuition, damit wir ein erfülltes und wirkungsvolles Leben führen.

Mit unserer Methode lernen Sie nicht nur, auf Ihre Intuition zu achten, sondern auch durch das bewußte Aufschreiben und Planen Ihre schöpferischen Energien sinnvoller zu nutzen. Kein Gedanke ist wirklich schöpferisch zu nennen, dem nicht die Tat folgt.

Eine Persönlichkeit muß ständig ihre geistige Kapazität vergrößern und darf keine einzige Quelle von Erkenntnissen oder Ideen vernachlässigen. Der erfolgreiche Mensch wird sich bemühen, die ihm angeborene Gabe der Intuition zu entwickeln. Nicht allein zum Zweck der Entfaltung seiner eigenen Persönlichkeit, sondern auch, um in seinem Beruf das Bestmögliche zu leisten und im sozialen Leben noch wirksamer zu sein. Nichts ist so abwegig wie die Annahme, Einfälle wären zufällig.

# Die Wurzeln der Willenskraft

*»Da der Wille das Ding an sich, das Wesentliche der Welt ist,*
*das Leben die sichtbare Welt,*
*die Erscheinung aber nur der Spiegel des Willens,*
*so wird diese den Willen so unzertrennlich begleiten*
*wie den Körper sein Schatten; und wenn Wille da ist,*
*wird auch Leben, Welt da sein.*
*Dem Willen zum Leben ist also das Leben gewiß.«*

*Arthur Schopenhauer*

Menschen, die keinen eigenen Willen haben, sind bequem und anpassungsfähig. Sie lassen sich gut gebrauchen, oft auch mißbrauchen, aber man achtet und schätzt sie selten. Beliebt sein ist eine Sache, seinem Leben einen Sinn geben ist eine andere. Warum verbinden wir nicht beides miteinander? Die Forschungsergebnisse der Medizin und Psychologie bestätigen uns, was wir im Grunde immer ahnten. Der Mensch, jeder Mensch, ist begabter, als er selbst weiß.

Aber warum fehlt uns der Wille, unsere Möglichkeiten und Chancen zu nutzen? Wir alle kennen den Satz:
*»Der Glaube versetzt Berge.«*

Insgeheim spüren wir auch, daß diese Behauptung stimmen könnte. Trotzdem glauben und denken wir mehr an unsere Schwächen als an unsere Stärken.

Alfred Adler hat sich sein Leben lang mit den Minderwertigkeitskomplexen der Menschen beschäftigt. Und immer deutlicher erkannte er, wie wichtig für jeden Menschen sein Selbstwertgefühl ist.

Rudyard Kipling, der Autor des Dschungelbuches, hat den Affenmenschen – den Bander-log – köstlich beschrieben:

*»Die Affenmenschen zeigen sich äußerst beschäftigt. Sie sind immer in Bewegung, laufen hin und her, ergreifen dies und lassen es sofort wieder fallen, wenn sie etwas anderes sehen, was sie interessiert. Sie geben den Anschein, daß sie stets etwas sehr Wichtiges unternehmen, aber leider wird nichts zu Ende gebracht. Dadurch geschieht niemals etwas Aufbauendes, und alles geht genauso weiter wie bisher.«*

Ortega y Gasset hat schon vor fünfzig Jahren vor den Gefahren der Vermassung gewarnt. Wir alle wissen zwar, daß der Mensch, jeder Mensch, eine Einmaligkeit ist, aber sind wir wirklich daran interessiert, uns dieser Einmaligkeit bewußt zu werden und ihr gemäß auch zu leben?

Wir wissen, was die anderen wollen, die Gruppe, der Verband, der Verein, die Partei, die Nachbarn, die Masse. Vielleicht wissen wir auch noch, was wir nicht wollen, was wir verhindern wollen und was wir befürchten. Doch erst ein Mensch, der weiß, was er selbst will, wird von der Person zur Persönlichkeit. Er strahlt Ruhe und Sicherheit aus; denn er ruht in sich.

Die Masse träumt zwar von großen Zielen und vom großen Glück, aber sie tut nichts dafür. Die meisten Menschen interessieren sich zwar stark für das Schicksal von anderen – glauben aber nicht, daß sie viel zur eigenen Schicksalsgestaltung beitragen können.

Pearl S. Buck schreibt in einem Brief an die Deutschen:
*»Der gute Mensch kämpft nicht gern, er möchte, daß alles von allein gut wird.«*

Von allein, meine lieben Leser, passiert hier auf Erden überhaupt nichts. Wer in dieser Welt wirken will, muß über einen klaren, eindeutigen und steten Willen verfügen. Was hilft dem Vitalen seine Gesundheit, was hilft dem schärfsten Denker sein Verstand, und was helfen dem edlen Menschen seine tiefen und innigen Gefühle? Wenn kein echter Wille dahintersteht, sind alle Begabungen wertlos. Ohne einen starken Willen erreicht der Mensch nichts auf dieser Welt. Gar nichts.

Schiller formulierte es treffend:
*»Den Menschen macht sein Wille groß und klein.«*

Und der Dichter Reppel sagt:

*»Und der ich bin, grüßt trauernd den, der ich sein könnte.«*

Es ist also nicht entscheidend, als was wir geboren werden, sondern was wir aus unserem Leben machen. Sicherlich haben auch Sie schon beobachtet, daß es *»Willensschwächlinge«* selbst bei den besten Voraussetzungen zu nichts im Leben bringen. Nur keine Anstrengung ist ihr Motto, und so lassen sie sich treiben.

Ich will mein eigenes Ziel finden, ein Ziel, für das es sich lohnt, sich einzusetzen, das sollte Ihre Einstellung sein. Ziele können niemals von außen kommen, weder von Eltern, Lehrern, Freunden oder Vorgesetzten. Alle können uns raten – aber lieben können wir nur selbst gewählte Ziele. Es gehört schon etwas Selbstbewußtsein dazu, ein persönlichkeitsgerechtes Ziel zu suchen. Nur, wer ein solches gefunden hat und sich dafür einsetzt, hebt sich von der Masse ab. Richtige – das heißt wertvolle – Ziele, die unsere Persönlichkeit in ihrer Entwicklung fördern, müssen zwei Ansprüchen genügen. Sie sollten eine Leistung für die Gemeinschaft darstellen und eine Entfaltung der eigenen Persönlichkeit bewirken. Daß wir leben, ist zunächst das einzige, was uns gewiß ist. Aus dieser Gewißheit entwickelt sich das Bewußtsein

*»Ich bin«.*

Aus dieser Seinserfahrung entspringt beim Blick auf die Umwelt

*»Ich will«*

und aus dem Erlebnis der Macht des Willens das

*»Ich kann«.*

Und da wir nicht streben, nur um zu leben und zu überleben, sondern um wirklichkeitsbewußter, freier, umfassender, universeller zu leben, erwächst aus dem

*»Ich kann«*

das abschließend vollendete

*»Ich tat.«*

**In den Gedanken und Worten**

*»Ich lebe, ich bin, ich will, ich kann, ich handle«*

**äußert sich die allem Leben, allen Wesen innewohnende Kraft und Energie der Schöpfung.**

Wenn der Mensch sagt,
*»Ich kann nicht«,*
bedeutet das im Grunde
*»Ich will nicht.«*

Denn wer wahrhaft will, kann auch, außer Krankheit lähmt ihn. Dynamische Aktivierung des Willens bedeutet Entfaltung des Könnens. Wer sagt,
*»Ich will«*
weil
*»Ich kann«*
und
*»Ich kann, weil ich will«,*
tut den entscheidenden Schritt vom Wollen zum Können. Wer im Leben etwas erreichen möchte, sollte daher die Wurzeln der Willenskraft kennen bzw. sie erkennen; denn sie sind bereits in uns und warten nur auf Aktivierung, um ihre Macht zu offenbaren.

Vertiefen Sie sich zunächst in die fünf Wurzeln der Willenskraft:

1. *Wünsche – Ziele*
2. *Mut – Entscheidung*
3. *Glaube – Ziel erreichen*
4. *Vitalität – Gesundheit – Nervenkraft*
5. *Ausdauer – Rückschläge überwinden*

Wünsche weisen uns immer den Weg; denn sie sind Vorgestalter einer ersehnten Zukunft.

*»Unsere Wünsche sind Vorgefühle der Fähigkeit, die in uns liegen, Vorboten desjenigen, was wir zu leisten imstande sein werden. Was wir können und möchten, stellt sich unsere Einbildungskraft außer uns und in der Zukunft dar. Wir fühlen eine Sehnsucht nach dem, was wir im Stillen schon besitzen«,*

sagt Goethe in *»Dichtung und Wahrheit«.*

Was kann der Mensch für Wünsche haben? Wertvolle, wertlose, private, geschäftliche, finanzielle, Wünsche nach Liebe, Glück, Erfüllung usw. Unsere Wünsche sind das Persönlichste, das wir haben. Durch das Erkennen seiner Wünsche kann der Mensch sich selbst erkennen und selbst begreifen. Wünsche sind unser innerer Besitz. Wünsche spiegeln unseren inneren Reichtum. Wünsche – das spüren Sie immer deutlicher – weisen uns den Weg in die Zukunft. Es gibt kein Glück ohne vorhergehenden Wunsch. Im Wunsch liegt Macht. Die magische Macht der Erfüllung lebt als Kern in ihm. So wie jedes Samenkorn die Tendenz hat, eine Pflanze zu bilden. Wie sollte man, ohne es sich zu wünschen, im Leben etwas Besonderes erreichen?

Schreiben Sie alle Wünsche und alle Träume auf, die großen, die kleinen, die erfüllbaren, aber auch die unerfüllbaren und die utopischen Wünsche.

Das Innere des Menschen besteht aus den Befürchtungen auf der einen und aus den Wünschen auf der anderen Seite.

*»Beachtung bringt Verstärkung«,*

heißt es im 11. Denkgesetz. Beachten Sie Ihre Befürchtungen oder Ihre Wünsche? Versuchen Sie zu erkennen und zu verstehen:

Willensschwäche = Wunschzersplitterung.
Willenskraft = Konzentration.

Unser Körper hat eine wichtige, lebenserhaltende Aufgabe. Er produziert jeden Tag – vierundzwanzig Stunden lang – Energie. Daraus folgt, je mehr Wünsche und Interessen ein Mensch besitzt, um so mehr zersplittert er seine Energie. Um so erschöpfter wirkt er, um so weniger erreicht er im Leben. Er brennt zu früh in seinem Leben aus.

Willenskraft dagegen ist Wunschkonzentration. Je weniger Wünsche, um so größer ist die Verwirklichungskraft. Denn jeder Wunsch wünscht seine Erfüllung, er arbeitet an seiner Erfüllung. Je stärker ein Wunsch, desto sicherer seine Erfüllung, desto stärker ist seine Erfüllungsenergie. Große Wünsche wirken schicksalsbestimmend.

Damit sind wir bei der zweiten Wurzel der Willenskraft, dem Mut. Ohne Mut können wir keine wichtigen Entscheidungen treffen. Sobald wir die wertvollsten und wichtigsten Wünsche herausgefiltert haben, sind wir zur Entscheidung fähig. Da keinem Menschen hier auf Erden alle Wünsche in Erfüllung gehen, ist es notwendig, sich selbst klarzumachen, auf welche Wünsche – zugunsten der Wichtigeren – man verzichten muß. Lernen wir nicht freiwillig, auf das eine oder das andere zu verzichten, wird uns das Schicksal früher oder später durch Mißerfolge ohnehin dazu zwingen. Außerdem wissen wir aus Erfahrung, daß bei Erfüllung eines großen Wunsches sich hundert kleine automatisch miterfüllen oder überflüssig werden.

Vielleicht kennen Sie vom Schachspiel das Wunder des Opferzuges. Man opfert zwar den Bauern, aber nur um schneller an die Königin zu kommen. So gesehen, ist das Opfern kleiner Wünsche eine Investition in unsere großen und wertvollen Wünsche. So wie ein Brennglas die Strahlen der Sonne konzentrieren kann, können auch unsere großen Wünsche unsere Energien bündeln. Darum ist ein Wunschbrennpunkt so wichtig. Ein westfälisches Sprichwort mag dieses Kapitel abrunden:

*»Ein Hund, der viele Hasen fangen will, fängt keinen.«*

Die dritte Wurzel der Willenskraft ist der Glaube, der Glaube, daß wir unsere Ziele erreichen. Durch die Prozesse der inneren Verarbeitung sind aus unseren Wünschen Ziele geworden. Ebenso wie der Magen nicht ohne Nahrung arbeiten kann, kann auch unser Unterbewußtsein nicht ohne Ziele für uns arbeiten! Was wir benötigen, sind nicht irgendwelche Ziele, sondern persönlichkeitsgerechte, eigene Ziele. So wie sich ein Mann nicht in jede Frau verlieben kann, so kann sich auch der Mensch nicht für jedes Ziel begeistern. Nur Ziele, die unserer eigenen Seele entsprechen, vermögen die Zukunft zu gestalten.

Wir können nur an etwas glauben, was wir uns wünschen. In uns wächst ein Glaube, der Berge versetzen kann, und dieser Glaube weckt die Kräfte zur Verwirklichung des Glaubens.

Unser Glaube benötigt Verwirklichungsenergie. Damit sind wir bei der vierten Wurzel der Willenskraft. Auch der schwächste Mensch besitzt genügend Kraft, um größte Ziele zu erreichen. Trotzdem sollten wir alle dafür sorgen, unseren Körper so zu trainieren, daß er in der Lage ist, eine überschäumende Vitalität zu erzeugen. Selbst unsere größten Ziele bleiben nur Träume, wenn die Gesundheit und Nervenkraft fehlen. Sicher haben auch Sie schon einmal beobachtet, wie aus schwachen Menschen Kraftriesen wurden bei Zorn oder bei Aggression. Kraft ist genügend vorhanden. Entscheidend ist allein die Frage, in welche Kanäle meine Kraft fließt.

Eine der wichtigsten Wurzeln der Willenskraft ist die fünfte Wurzel, die Ausdauer.

Ich habe immer wieder angeregt, Biographien zu lesen. Denn eine gute Biographie kann oft mehr vermitteln als ein psychologisches Fachbuch. Erfolgreiche haben durch ihre Leistungen bewiesen, daß es möglich ist, große Ziele zu erreichen. In ihrem Kopf entzündete sich ein Wunsch. Hinzu kam Mut, ihn zu vertreten, Glauben, es zu schaffen, und nicht zuletzt Ausdauer, den Zielen auch bei Mißerfolgen treu zu bleiben.

Wer dem Erfolg – egal wo und bei wem – auf den Grund geht, findet dort die Beharrlichkeit. Anfangen kann jeder, aber durch Weitermachen wird man zum König. Oft sind die Versager viel begabter und talentierter, aber sie halten nie durch! Um besser zu werden als der Durchschnitt, hilft uns nur die Ausdauer, genauer gesagt, die Wiederholung. So ist es beim Sport, in der

Kunst, in der Wissenschaft und auch im Geschäftsleben. Durch Wiederholung wird aus Wissen schließlich Können. Vielleicht könnte der nächste Gedanke ein Lebensmotto werden:
*»Durch Wiederholung wird das Schwerste leicht. Das Fingerspitzengefühl und der sechste Sinn entwickeln sich, und das Unterbewußtsein arbeitet immer präziser. Wir werden automatisch immer erfolgreicher.«*

Im 13. Denkgesetz heißt es präzise:

> *»Die ständige Wiederholung einer Idee*
> *wird erst zum Glauben, dann zur Überzeugung.«*

Was wir alle benötigen, um hier auf Erden weitgehend glücklich und gesund zu leben, ist der lebenslängliche Wachstumsprozeß, der lebenslängliche Erfolg. Dieser Erfolg erwächst, blüht und trägt Früchte aus den fünf gesunden Wurzeln der Willenskraft.

Das 14. Denkgesetz lautet:

> *»Glaube führt zur Tat.*
> *Konzentration zum Erfolg.*
> *Wiederholung führt zur Meisterschaft.*
> *Was Du denkst, das wirst Du.«*

Wer seine Ziele klar formulieren kann, der wird sie auch erreichen. So, wie die Möwe Jonathan erkannte:

*»Man muß schon da sein, bevor man angekommen ist.«*

# Warum ist der Umgang mit Menschen so schwer?

Über diese Frage denke ich immer wieder nach. Natürlich gibt es viele Antworten, aber eine alles erklärende weiß ich auch nicht. Was ich aber genau weiß ist, wie wichtig im Leben jedes Menschen der Umgang mit anderen ist. Ebenso weiß ich, wieviel Unglück, Unfrieden, Wunden und falsche Lebenswege durch den falschen Umgang mit anderen Menschen entstehen.

Die Kunst im richtigen Umgang mit Menschen muß tatsächlich eine Kunst sein; denn alle Philosophen haben sich mit diesem großen Thema beschäftigt und Erfahrungen und Ratschläge vermittelt.

Bis heute bekannt und von Bedeutung ist das Werk von Adolf Freiherr von Knigge, einem Zeitgenossen Goethes. Einige Überschriften aus diesem Buch zeigen uns, daß die damaligen Probleme auch heute noch die gleichen sind:

*»Warum man mit großen und glänzenden Eigenschaften in der Welt dennoch nicht immer sein Glück macht.«*

*»Enthülle nicht die Schwächen deiner Nebenmenschen.«*

*»Der Umgang mit Leuten von verschiedenen Gemütsarten, Temperamenten und Stimmungslagen.«*

*»Über den Umgang mit den Großen der Erde.«*

*»Doppelte Vorsicht im Umgang mit vornehmen Dummköpfen.«*

Wir werden uns jetzt auf zwei Grundprobleme konzentrieren, die wir meistern wollen:

- den Umgang mit sich
- den Umgang mit anderen.

Wenn wir an uns erkennen, was für uns gut und was weniger gut ist, wissen wir eigentlich auch schon, was andere mögen – und was nicht.

Eines der Grundprobleme im Umgang mit anderen Menschen ist die Tatsache, daß wir weitestgehend *»unbewußt«* leben. Das heißt, weder uns noch die anderen kennen. Anders gesagt, wir haben uns so an uns gewöhnt, daß wir gar nicht wissen, wann wir uns richtig und wann wir uns falsch oder negativ verhalten.

Der gebildete Mensch interessiert sich für die verschiedensten Aspekte des Lebens, nur vor sich selbst scheint er Angst zu haben. Es gibt nur wenige, die Ihre Stimme gern auf dem Tonband, Video oder Anrufbeantworter hören.

In Rhetorikseminaren wird oft mit der Videotechnik gearbeitet. Dabei wird das Verhalten der Teilnehmer aufgezeichnet und anschließend besprochen. Die Art zu gehen, der Augenkontakt, die Bewegung des Körpers, der Füße, der Hände und natürlich die Wirkung der Stimme können wir so genau analysieren.

Anschließend erleben sich die Teilnehmer in Ton und Bild auf der Leinwand. Sie erleben sich so, wie ihre Mitmenschen sie stets sehen, und dabei treten folgende Reaktionen auf:

- Einige Teilnehmer schauen weg, sie können sich selbst nicht ertragen,
- andere starren auf ihre Fehler und sehen nichts als ihre Fehler,
- und wieder andere sagen ganz erstaunt:
  *»Ich wußte gar nicht, daß ich so gut bin.«*

**Wir sind Fremde im eigenen Haus.**

Wir kennen andere oft besser als uns selbst. Und da wir unser eigenes Verhalten nicht kennen, ist den meisten Menschen auch nicht ihre Wirkung auf andere bekannt. Sie kennen weder ihre positive noch ihre negative Wirkung und glauben daher stets an den Zufall.

Unser Erfolg im Leben ist aber immer abhängig von unserer Wirkung auf andere.

*»Wie man in den Wald hineinruft, so schallt es heraus.«*

Wenn wir also über den positiven Umgang mit den Menschen nachdenken, erkennen wir die Notwendigkeit, sich der eigenen Ausstrahlung bewußt zu werden. Denn nur die Persönlichkeit, die ihre eigene Ausstrahlung kennt, kann sie veredeln, bewußt und gezielt einsetzen.

Da kein Mensch unsere Gehirnzellen sehen kann, erleben uns die Menschen durch unser körperliches Verhalten. Unser Körper kann und sollte unsere Gefühle deutlich machen und ausdrücken. Sie erkennen jetzt vielleicht, wie falsch das Einsparen und Verdrängen von Gefühlen ist und wie negativ sich eine falsche Selbstbeherrschung auswirken kann.

Darum sollten wir unsere Gefühle nicht nur empfinden, sondern wir sollten unseren positiven Gefühlen auch Ausdruck verleihen – und zwar durch unsere Hände, durch den Blick unserer Augen und durch die Art und Weise, wie wir auf andere zugehen und mit ihnen sprechen. Nur wenn wir zu uns selbst *»Ja«* sagen, können auch andere zu uns *»Ja«* sagen. Nur dadurch werden wir erkannt und anerkannt.

*Ein positiver Mensch denkt nicht nur positiv, sondern er spricht auch positiv, er formuliert positiv. Er spricht nie von all den Dingen, die er befürchtet, sondern nur von den Dingen, die er erwünscht.*

*Licht wird alles, was ich fasse.*

*Ja! Ich weiß, woher ich stamme!*
*Ungesättigt gleich der Flamme*
*glühe und verzehr' ich mich.*
*Licht wird alles, was ich fasse,*
*Kohle alles, was ich lasse:*
*Flamme bin ich sicherlich!*

*Friedrich Nietzsche*

Unsere Wünsche sollten echte Wünsche sein – und damit zu Bitten an andere zur Mitverwirklichung werden, aber nie zu Befehlen oder Anweisungen. Nörgeln oder kritisieren Sie also nie. Lernen Sie statt dessen, Ihre Wünsche positiv auszudrücken; denn Ihre Mitmenschen sind keine Gedankenleser.

Wie oft beginnen Sie einen Satz mit den Worten
*»Ich wäre Ihnen sehr dankbar, wenn Sie mir diesen Wunsch erfüllen könnten.«*

Versuchen Sie immer wieder, positive Stimmungen zu erzeugen. Werden Sie zum Meister der Stimmungspflege. Arbeiten Sie dabei auch immer wieder mit dem 11. Denkgesetz:

*»Beachtung bringt Verstärkung.«*

Sehr oft sollten Sie darum im Verlauf des Tages einen Satz beginnen mit den Worten:
*»Es gefällt mir, daß...«*

Sie werden bemerken, sobald Sie diese Worte aussprechen, geht die Sonne im Gesicht der Menschen auf. Jeder und alles lebt aus der Beachtung.

Ein Hund, der sehr oft allein in der Wohnung ist, wird neurotisch. Ebenso wie Tiere brauchen auch Pflanzen das Licht der Sonne. Und auch wir Menschen benötigen die Kraft der Sonne, die Beachtung. Hier liegt also ein wirksamer Schlüssel zum Herzen der Menschen: die Anerkennung und das Lob.

Die nachstehenden Suggestionen werden in Ihnen die Kunst der positiven Motivation entfachen. Entwickeln Sie durch Training und Wiederholung jede Woche eine neue Gewohnheit.

## Die Kunst zu loben

1. Lob ist das wirksamste Mittel, das Ihnen zur Verfügung steht.
2. Wer andere lobt, wird selbst leichter erfolgreich.
3. Jeder Mensch braucht Anerkennung, Liebe, Zustimmung und regelmäßig neuen Auftrieb.
4. Jeder Mensch – egal wie intelligent er ist – wächst über sich selbst hinaus, wenn er gelobt wird. Lob ist Ihr wirksamstes Mittel im Umgang mit anderen.
5. Lob ist eine positiv wirksame Kraft, die sich von allein vermehrfacht.
6. Der Hunger nach Anerkennung und Zustimmung kann nur durch Lob gestillt werden.
7. Das Lob muß jederzeit mit Ort und Situation im Einklang stehen. Lob schenkt den Menschen neuen Glauben an sich selbst. Loben Sie Ihre Mitmenschen, Sie stellen dadurch ein besseres Verhältnis von Mensch zu Mensch her.
8. Ihr Lob muß aufrichtig sein; denn nichts ist schlimmer als ein falsches Lob.
9. Loben Sie einen Menschen, wenn Sie mit ihm allein sind, so wird er Ihr Freund werden. Loben Sie ihn in der Öffentlichkeit, dann wird er Ihnen noch einmal so treu sein. Weisen Sie vor anderen auf seine Fähigkeiten hin, wird er Sie jedem empfehlen und Sie gegen alle verteidigen.

Die Fähigkeit zu loben setzt eine gefestigte und selbstbewußte Persönlichkeit voraus. Aus diesem Grunde können und wollen Menschen mit Minderwertigkeitskomplexen nicht loben. Sie leben ständig in der Angst, sich etwas zu vergeben.

Die Hauptursache des persönlichen Mißerfolges liegt in der Undankbarkeit. Das Glück wohnt niemals in dem Herzen eines undankbaren Menschen. Beobachten Sie doch viele Ihrer Mitmenschen – was sie können: Sie können Ansprüche stellen, sie können fordern, sie können das Beste verlangen, nur das Wort

*»Danke«* kennen sie nicht. Es gibt Menschen, die viele Fremdsprachen beherrschen, nur das Wort *»Danke«* ist in ihrem Lexikon gestrichen.

Es ist deshalb mein Wunsch, daß die nachfolgenden Gedanken sich fest in Ihrem Unterbewußtsein verankern:

- **Dank ist die beste Investition in Ihre Mitmenschen.**
- **Dank ist besser als ein Geschenk.**
- **Wer dankbar ist, bleibt unvergessen.**
- **Dank ist ein liebenswertes Kompliment.**
- **Die vollkommene Anerkennung ist Dankbarkeit.**
- **Aufrichtige Dankbarkeit ist menschliche Größe.**
- **Dank ist eine positive Suggestion.**
- **Durch Dank machen Sie Ihre Mitmenschen zu Wiederholungstätern.**

Sie erkennen, daß der Umgang mit anderen Menschen gar nicht so schwer ist, sondern wir selbst machen uns nur oft das Leben unnötig schwer.

Darum gestalten Sie sich und anderen das Leben leicht! Die Kunst, mit anderen Menschen umzugehen, ist nicht angeboren, sondern ist erlernbar.

Werden Sie ein Meister der positiven Motivation.

# Warum kritisiert ein Mensch?

Jede Mutter, jeder Vorgesetzte und jeder Ehemann weiß, was durch positive Motivation beim anderen möglich ist. Trotzdem wird auf allen mitmenschlichen Ebenen mehr kritisiert als motiviert.

Man kritisiert die Politiker wie den Partner, die Nachbarn wie die Geschäftsleitung, die Kinder, Schwiegermutter, Lehrer, Polizisten, Kollegen und die Kirche. Man möchte etwas verbessern – wohlgemerkt im eigenen Sinne – und kritisiert, weil man glaubt, dadurch etwas zu verändern.

Positive und aufbauende Kritik wird das dann sogar genannt, als pädagogische Maßnahme oder als Führungsinstrument bezeichnet und bleibt nichts anderes als:

*Kritik*

Kritik ist eine Bewertung oder Beurteilung, ein Tadel oder soll eine Unterscheidung treffen zwischen *»richtig«* und *»falsch«*. Der Kritiker selbst steht natürlich immer auf der richtigen Seite.

Kritik ist eine Sache des Verstandes; denn Kritik analysiert etwas, und das kann nur die linke Gehirnhälfte. Bei Kritik wird klar und deutlich unterschieden zwischen dem eigenen Vorstellungsraster und dem anderen, mit dem man gerade konfrontiert wird und den man nicht ohne weiteres akzeptieren kann und will. Deshalb kritisiert man es und lehnt zum eigenen Schutz erst mal ab. Und man fühlt sich dabei noch im Recht, intellektuell überlegen; denn man hat sich durchgesetzt und die eigene heile begrenzte Anschauungswelt wieder gerettet. Trotzdem fühlt man sich nicht immer sehr wohl bei der Kritik – und erst recht nicht, wenn der andere gegenkritisiert und gegenargumentiert und man einsehen muß, daß da entweder erheblicher Widerstand ist oder eine völlig andere Anschauung als die eigene. Und spätestens dann sollte einem ein Licht im Gehirn aufleuchten und einem blitzschnell klarmachen, daß es schon noch andere Realitäten und Betrachtungsweisen als nur die eigene gibt. Deshalb sind Gespräche, die in freundlicher Offenheit geführt werden und bei denen man eigene Standpunkte auf den Tisch legt, um danach zu sortieren, welche Entscheidung man jetzt für alle Seiten fällt, sehr viel konstruktiver als die gegenseitige Kritik.

Um aber besser zu verstehen, warum Menschen auf allen Ebenen und in allen Altersklassen ständig kritisieren, müssen wir uns erst einmal die Motive dazu ansehen.

## Aus welchen Motiven kritisiert der Mensch?

- aus Mißgunst
- aus Rache
- aus Böswilligkeit
- aus Neid
- aus Selbstunzufriedenheit
- um Kritik weiterzugeben
- aus Unfähigkeit
- um von eigenen Schwächen abzulenken
- um aufzufallen
- weil man glaubt, alles besser zu können
- um zu kränken
- aus Geltungsbedürfnis
- aus negativer Grundstimmung
- weil man sich selbst im Moment nicht leiden kann
- weil man von seinen eigenen Problemen ablenken will
- aus Sensationslust
- aus Unfähigkeit
- aus Überheblichkeit
- aus aggressiver Stimmung

Sie sehen an dieser Liste, die durchaus nicht vollständig ist, daß sie strotzt von negativen Persönlichkeitswerten.

Kritik beginnt bereits in der Einstellung und Art und Weise, wie ich etwas betrachte und aufnehme. Wenn ich eine positive, offene Grundeinstellung habe, werde ich jede Nachricht, Information oder jedes Erlebnis erst einmal neutral aufnehmen und versuchen, es meiner bisherigen Anschauung anzupassen. Dabei werde ich ganz sicher positive und negative Merkmale sehen und sollte nun über beide nachdenken; denn nur so komme ich ja zu einem neuen Schluß. Man sollte ebenso verfahren, wenn man gerade wieder den Mund öffnen möchte, um eine Kritik über einen anderen Menschen vorzutragen – was bekanntermaßen sehr einfach ist. Suchen Sie dann blitzschnell nach drei positiven Eigenschaften dieses Menschen. Und erst, wenn Sie sie gefunden haben, können Sie Ihre Kritik über ihn vortragen. Sie werden erstaunt sein, wie schwer es Ihnen fällt, drei positive Eigenschaften bei manchen zu finden – und wie banal Ihnen danach Ihre Kritik vorkommt. Und Sie sollen ja doch sicher nicht bezweifeln, daß jeder Mensch mindestens drei positive Eigenschaften hat. Wenn Sie sie bisher nicht gesehen haben, dann haben Sie offensichtlich auf etwas anderes, nämlich nur auf das Negative, geachtet.

So ist es mit der generellen Bewertung. Rasten Sie nicht sofort bei etwas ein, was Ihnen widerstrebt; sondern haben Sie die eigene Disziplin, erst einmal alles anzuhören, anzusehen und zu verarbeiten, bevor Sie sich äußern.

Kritik ist sehr oft anmaßend. Wir beurteilen einen winzigen Teilausschnitt, auf den wir gerade sehen, und glauben, damit das Ganze zu kennen. Oder wir sind einfach so verblendet anzunehmen, daß unsere Anschauung die einzig richtige ist. Dabei weiß jeder, daß er selbst regelmäßig in zwei Realitäten lebt, im Tagesbewußtsein und des Nachts im Schlaf- oder Traumbewußtsein. Also dürfte es doch ziemlich sicher sein, daß es mehr als eine Realität gibt.

*»Was kümmert mich mein dummes Geschwätz von gestern«*, mit diesem Satz ist der Altbundeskanzler Adenauer berühmt geworden und legte damit immer wieder ein Zeugnis größter Weisheit ab. Ein Mensch, der aufhört, zu lernen und sich vom Besseren belehren zu lassen, wird starr und starrköpfig und ein-

seitig, altmodisch, verstaubt und engherzig. Kritik zeugt von Enge. Ein Mensch, der einen weiten Geist und ein weit geöffnetes Wesen und Herz hat, wird nicht kritisieren, sondern etwas Neues als neue Erfahrung interessiert betrachten und durchdenken.
*»Alles Quatsch – alles Humbug – Spinnerei – Kann gar nicht sein – Das gibt es doch gar nicht – Unmöglich«,*
diese Schlagworte hören Sie immer wieder und sicherlich werden Sie sie leider auch öfter gebrauchen. Alles, was man nicht kennt und nicht annehmen will, tut man gerne geringschätzig ab.

Aber wenn so viel kritisiert wird, wollen ja alle etwas dadurch erreichen – sonst würden sie es ja nicht tun. Schauen wir uns doch einmal eine weitere Liste an, was man tatsächlich mit Kritik erreicht.

**Was erreicht man durch Kritik?**

- Schlechte Laune
- Schlechtes Klima
- Verteidigung
- Nutzlose stundenlange Diskussionen oder Rechtfertigungen
- Feindschaft
- Aggressivität
- Verstärkung der eigenen negativen Stimmung bis zur totalen Lustlosigkeit
- Energieverlust auf beiden Seiten
- Verunsicherung
- Verletzung
- Unglaubwürdigkeit
- Desinteresse
- Gegenkritik
- Angst vor weiterer Kritik
- Und vor allem: das Gegenteil dessen, was man erreichen wollte

## Warum kritisieren wir also?

Kritik hat nur Negatives für uns selbst zur Folge – und erst recht für den anderen und dadurch für das Verhältnis zwischen uns beiden.

Was nutzt uns der stärkste Wille und die beste Idee, wenn wir nicht die Möglichkeit haben, sie unseren Mitmenschen zu vermitteln und gut mit ihnen umzugehen?

Ein Hamburger Kaufmannsspruch sagt:

*»Wenn Deine Freunde nicht zu Dir kommen, Deine Feinde kommen nicht.«*

Natürlich ist die eigene Qualifikation wichtig. Man muß von seiner Sache etwas verstehen, um die Voraussetzungen für den Erfolg zu haben. Aber genauso wichtig ist es, mit anderen Menschen gewinnend umzugehen. Beobachten Sie selbst die wirklich Erfolgreichen. Neben Ihrer fachlichen Qualifikation haben sie fast immer die Fähigkeit, mit anderen Menschen gut umgehen zu können. Ein Fachmann, der Blockaden hat zu anderen Menschen, bleibt isoliert. Im Gegenteil, da seine Idee meist nicht erkannt und akzeptiert wird, entwickelt er sich zum introvertierten, aggressiven Nörgler.

## Warum kritisieren Sie?

Neben den vorher aufgezählten Motiven kann es nur Dummheit sein; denn Sie wissen ja, was man mit seiner Kritik bewirkt. Oder man ist so in die Enge getrieben, daß man aus Hilflosigkeit kritisiert und die Menschen und das Zusammenleben mit ihnen nicht liebt. Denn ohne Liebe zueinander und zu den Dingen und zum Leben schlechthin geht es nun mal nicht.

**Was ist zu tun?**

1. Beachten Sie einmal an sich selbst, wie oft Sie im Laufe des Tages kritisieren – und sei es eine noch so *»harmlose«* Kritik.

2. Beobachten Sie, wie Ihre Mitmenschen und die Medien kritisieren – und ob Sie das einfach annehmen oder immer deutlicher merken, daß es sich um Kritik handelt.

3. Bevor Sie selbst erneut kritisieren wollen, fragen Sie sich, was Sie damit erreichen werden?

4. Bevor Sie sich über einen Dritten kritisch äußern, lassen Sie Ihre Kritik durch die drei Siebe von Sokrates laufen und schauen, was dann noch übrigbleibt?

5. Bevor Sie selbst kritisieren wollen, überlegen Sie sich drei positive Eigenschaften des anderen oder der Situation.

6. Üben Sie sich in der Kunst, statt Kritik eine positive Motivation auszusprechen. Seien Sie dankbar für das, was geschehen ist, statt undankbar für das, was nicht geschehen ist.

7. Wenn Sie selbst kritisiert werden, üben Sie sich in der Kunst des Ablaufenlassens, ohne die Kritik im Herzen zu verankern.

Fragen Sie sich statt dessen, warum der andere gerade etwas »loswerden« muß, und verzeihen Sie es ihm. Denken Sie – möglichst ruhig – darüber nach, worin der andere recht hat.

8. Wenn der andere auf seiner Kritik beharrt, reagieren Sie gelassen mit der Feststellung: *»Das ist Ihre Meinung und Ihre Ansicht – meine ist statt dessen ... Nun lassen Sie uns überlegen, wo unsere gemeinsame Einstellung ist.«*

9. Üben Sie sich, aus jedem Nein des anderen ein Ja zu machen – nicht durch Überredung, sondern durch Überzeugung und durch positive Motivation.

# Bin ich ein Vorbild?

## Fragen zur Selbsterkenntnis

*Lenker – Leiter – Kopf – Stütze – Meister – Lotse – Anreger – Schrittmacher – Bahnbrecher – Reformer – Pionier – Wegweiser – Initiator – Inspirator – Planer – Organisator – Manager – Lehrer – Ratgeber – Mentor – Berater – Vorbild.*

Bewußtsein bewirkt Entfaltung. Jeder Mensch spielt auf der Bühne seines Lebens mehrere Rollen.

Haben Sie einmal intensiv darüber nachgedacht, welche Rolle Sie spielen?

Sind Sie auch zu der Erkenntnis gekommen, welches Ihre Hauptrolle ist?

Da der Mensch ein soziales Wesen ist, benötigt er den Umgang mit den Menschen. Nur in und durch die Gemeinschaft ist die Entfaltung der menschlichen Persönlichkeit möglich, denn der Mensch lebt für sich und für die anderen. Auch hier gilt das Prinzip von Yin und Yang.

Wenn ich von der Notwendigkeit des positiven Umgangs mit Menschen spreche, höre ich sehr oft das Argument:

*»Das ist alles richtig, aber das sollten Sie einmal meinem Partner oder meinem Chef beibringen.«*

Natürlich werden wir mitunter von negativen Menschen demotiviert. Das ist wahr und richtig. Allerdings kann man sich so lange mit dieser negativen Tatsache beschäftigen, bis keine Zeit bleibt, über das eigene Verhalten zu anderen nachzudenken. Viele scheinen zu vergessen, daß auch sie selbst andere Menschen beeinflussen, denn das ganze Leben ist ein Prozeß gegenseitiger Beeinflussung.

Bedenken Sie darum, jeder Mensch ist zugleich Empfänger und Sender von Botschaften.

Seit unserer Geburt werden wir beeinflußt, aber schon als Baby beeinflußten auch wir die Umwelt.

Entwickeln Sie doch einmal ein Denkmodell, um die verschiedenen Möglichkeiten der wechselseitigen Beeinflussungen zu durchschauen.

Sie werden feststellen, daß es keine menschliche Lebenssituation gibt, in der nicht das Prinzip der wechselseitigen Beeinflussung eine Rolle spielt.

Lieber Leser, wie stark sind Sie als positiver Sender?

Viele Menschen neigen dazu, andere zu überschätzen, dadurch kommt es zu einer Unterschätzung ihrer eigenen Persönlichkeit. Allein schon aus dieser negativen Grundeinstellung heraus kann kein Mensch sein Leben, seine Zukunft harmonisch gestalten.

Wir sollten andere schätzen, jedoch nicht überschätzen.

Die Arbeit an der Entfaltung unserer Persönlichkeit darf nicht zu Arroganz und Überheblichkeit führen. Unser Ziel ist die Selbsterkenntnis und das gesunde Selbstbewußtsein. Erfolgsneurotiker, das sind unsympathische Menschen.

Bitte überprüfen Sie einmal Ihre persönliche Einstellung zum Erfolg.

- Erfolgreich sein heißt nicht, anderen zu befehlen.
- Erfolgreich sein heißt nicht, andere zu unterdrücken.
- Erfolgreich sein heißt nicht, andere auszunutzen.
- Erfolgreich sind wir nicht, wenn wir nur an unseren Vorteil denken.
- Erfolgreich sind wir nicht, wenn wir rücksichtslos sind.

Erfolg ist für uns in erster Linie persönliche Verpflichtung.

Erfolg ist die Fähigkeit der Weiter- und Höherentwicklung. Wir sind nur dann erfolgreich, wenn andere von unseren Erfolgen profitieren.

Erfolgreich sind wir, wenn wir Probleme lösen.

Erfolgreich sind wir, wenn wir Menschen glücklich machen.

Erfolgreich sein heißt, Verantwortung zu tragen.

Erfolgreich sein heißt, Vorbild sein.

Ein Mensch, der auf die Entfaltung und Nutzung seiner Fähigkeiten und Begabung verzichtet, lebt in einem hohen Grade unsozial.

Erfolgreich sind wir dann, wenn man sich auf uns verlassen kann.

Über sich selbst nachzudenken, ist kein Krankheitssignal, sondern der Versuch, sich selbst zu erkennen, ist ein Zeichen der Reife.

Wo stehe ich heute?

Wie fest ist mein Standpunkt begründet?

Bin ich ein Satellit, der den Glanz anderer erhöht, oder bin ich ein Fixstern?

Es gibt Mütter, die kreisen wie Sputniks um ihre Kinder. Ist das wohl gut für beide?

Es gibt Chefs, die kreisen um ihre Mitarbeiter.

Es gibt Politiker, die kreisen um die Massen.

Seit meiner Jugend bin ich ein begeisterter Leser des spanischen Philosophen José Ortega y Gasset. Von ihm habe ich für Sie folgende Gedanken gesammelt:

*»Masse«* ist jeder, der sich nicht selbst aus besonderen Gründen einen besonderen Wert beimißt.

Zur Masse gehört der, der sich für Durchschnitt hält.

Die Masse kann ihrem Wesen nach ihr eigenes Dasein nicht lenken!

Die Gesellschaft ist immer eine dynamische Einheit zweier Faktoren – der Eliten und der Massen.

Die Einteilung der Gesellschaft in Masse und Elite ist keine Einteilung nach sozialen, sondern nach menschlichen Kategorien. Man kann die Menschheit einteilen in solche, die viel von sich fordern und sich mit Pflichten beladen, und andere, die nichts Besonderes von sich fordern, die sich begnügen, von einem Augenblick zum anderen zu bleiben, was sie schon lange sind. Sie haben keinen Drang, über sich hinauszuwachsen.

Dies ist der Grund, warum wir einen großen Teil der Menschen Masse nennen – nicht nur, weil die Masse zahlreich, sondern weil sie träge ist.

Der Massenmensch ist der Mensch, der ohne Ziel lebt und im Wind treibt. Darum baut er nichts auf, obwohl seine Möglichkeiten und Kräfte ungeheuerlich sind.

Adel erkennt man am Anspruch an sich selbst, an den Verpflichtungen, nicht an den Rechten. Noblesse oblige ...

Leben heißt, auf ein Ziel zuwandern. Das Ziel ist etwas, woran ich mein Leben erkenne. Wenn ich nur an mich denke, drehe ich mich nur im Kreise und komme nirgendwo an. Viele Menschen verschwenden ihre Zeit mit Scheinbeschäftigungen. Sie sind »in sich selbst laufende Geschöpfe«.

Marschieren kann man befehlen, Rekorde und Höchstleistungen aber nicht. Ein Vorbild ist darum niemals ein Antreiber, ein Mensch, der Vorbild ist, ist das genaue Gegenteil.

Er besitzt eine magische Anziehungs- und Faszinationskraft.

Er inspiriert und reißt mit. Er geht voran.

Oft werde ich gefragt:

»*Was halten Sie von mir? Wie beurteilen Sie mich?*«

Nur ungern antworte ich auf diese Fragen, denn für das Leben des Fragers ist allein entscheidend, was *er* denkt, nicht was ich von ihm denke.

Wenn ich jemandem genau sage, was ich von ihm denke, wird er von mir abhängig. Wichtiger ist, daß eine Persönlichkeit in sich selbst begründet ist.

Schreiben Sie doch einmal einen Entfaltungsaufsatz mit der Überschrift:

»*Wie sollen mich andere sehen?*«

Wenn Sie Ihre Gedanken aufschreiben, machen Sie Ihre Gedanken sichtbar. Durch Schreiben wird Ihr Geist gebannt, er festigt sich.

Ein Vorbild ist ein Mensch, der Verantwortung fühlt und trägt. Als Vorbild wird man nicht geboren, es ist eine Frage der Entwicklung, des Mutes und des sozialen Engagements.

Ein Vorbild selbst hat ebenfalls Vorbilder.

Ein Vorbild denkt in großen Zusammenhängen.

Ein Vorbild trägt Verantwortung für sich und andere.

Ein Vorbild hat starke positive Grundsätze.

Die Arbeit an sich selbst, an der Entfaltung seiner Persönlichkeit ist nicht leicht. Aber sie ist wertvoll und bringt reichen Segen.

Darum machen Sie sich bitte einmal schriftlich Ihre eigenen Grundsätze bewußt.

1. ______________________________________

2. ______________________________________

3. ______________________________________

4. ______________________________________

Gewinnen Sie Selbsterkenntnis, damit Sie wissen, was Sie an sich haben. All unsere Übungen führen nicht zur Arroganz, sie wecken vielmehr den Wunsch, sich persönlich weiter- und höherzuentwickeln.

Ein Mensch, der weiß, was er will,
ein Mensch, der Ziele hat, braucht Wissen, um seine Ziele zu erreichen.

Er braucht vielleicht auch Geld, um sich selbständig zu machen, aber vor allem braucht er Menschen – Mitmenschen.

*»Im Mittelpunkt unseres Denkens steht immer der Mensch.«*

Geht es einer Familie gut, dann sind es Menschen, die dies verursacht haben.

Blüht ein Verein auf, dann waren es Menschen, die dies mit ihrem Elan schafften.

Geht es in einem Unternehmen bergauf, dann sind es motivierte Menschen, die das vollbrachten.

Im Mittelpunkt sollte immer der Mensch stehen.

Darum ist die Fähigkeit, mit Menschen positiv umzugehen, so wichtig. Noch wichtiger wird diese Fähigkeit, wenn es zu unseren Aufgaben gehört, Menschen zu führen, für Menschen verantwortlich zu sein. Denn jeder von uns besitzt die Fähigkeit, andere glücklich oder unglücklich zu machen.

Im Verlauf der Geschichte gab es viele verschiedene Führungsstile.

In einer Diktatur gelten andere Regeln als in einer Demokratie.

Leider praktizieren immer noch zu viele die negativste Form: den Befehl.

Sie können weder »bitte« noch »danke« sagen. Diese Worte sind leider immer noch für viele Fremdwörter.

Heute sprechen wir häufig von der Teamarbeit. Das ist gut und in der Regel auch erfolgreich, aber wer trägt die Verantwortung?

Nichts gegen die Teamarbeit, den Teamgeist, aber auch das Team muß geführt werden.

Jedes Schiff braucht einen Kapitän. Jedes Orchester braucht einen Dirigenten.

Führen ist also notwendig, die entscheidende Frage ist nur: *»Wie?«*

Haben Sie einmal über die verschiedenen Möglichkeiten nachgedacht, die Ihnen persönlich zur Verfügung stehen?

Von allen Möglichkeiten, die Ihnen zur Verfügung stehen, ist die beste und wirksamste Methode: Führen durch das Vorbild, Führen durch Faszination, Führen durch Zielklarheit. Führen heißt nicht antreiben, vor sich hertreiben. Führen durch Vorbild heißt vorangehen, heißt vormachen.

In einem Elternvortrag habe ich einmal gesagt:

*»Kinder mögen darauf hören, was wir sagen, oder nicht, sie sehen immer, was wir tun.«*

Waren Sie schon einmal beim Sechstagerennen?

Dort könnten Sie über Führung viel lernen, denn ein Rennfahrer hängt immer am Hinterrad des Vordermannes, er läßt sich mitziehen.

Mitziehen – Sog erzeugen – Mitreißen – Begeistern – dies sollte in unserem Verhalten zum Ausdruck kommen.

Wir sollten also so wenig wie möglich mit Druck, dafür um so öfter mit der Sogtechnik arbeiten.

Vielleicht kennen Sie schon einige Menschen, die es verstehen, durch Faszination, durch Charisma zu führen.

Vielleicht gehören sie zu Ihren Vorbildern.

Vielleicht können Sie aufschreiben, was Sie an diesen Menschen bewundern.

Führen durch das Vorbild setzt voraus, daß es uns gelingt, das Herz eines Menschen zu gewinnen.

Wenn Sie einen Pantomimen bitten:
»*Zeigen Sie mir mal ›Du hast einen Vogel‹*«, dann zeigt er auf seinen Kopf.

Wenn Sie ihn aber bitten, zeige mir einmal
»*Das bin ich*«, so zeigt er auf sein Herz.

Sie erkennen an diesem Beispiel, wie wichtig es ist, das Herz zu gewinnen. Wir wenden uns viel zu oft an den Intellekt und wollen ihn mit Beweisen vergewaltigen.

Ist es da ein Wunder, daß sich viele Menschen gegen eine solche Führung aggressiv zur Wehr setzen?

Wer kühl und unpersönlich an menschliche Probleme herangeht, wird wenig erreichen.

Jeder Mensch weiß, daß er als Vorbild Vertrauen ausstrahlen muß. Im Grunde läuft alles darauf hinaus:

> *»Werde Dir über Deine Hauptziele klar, lege alles ab, was diesem Ziel entgegensteht, und halte fest an allem, was ihm förderlich ist, und dann gehe mutig voran mit reinem Gewissen, selbstlos und ohne Falsch.«*

Die größten Vorbilder aller Zeiten waren die drei großen Religionsgründer – Christus, Mohammed und Buddha.

Sie haben meines Erachtens zwei wichtige Eigenschaften miteinander gemein.

## 1. Die Fähigkeit zur Konzentration

Es ist interessant festzustellen, daß diese drei großen Vorbilder sich für eine bestimmte Zeit zurückgezogen haben – wahrscheinlich um sich auf das Kommende vorzubereiten.

Die Fähigkeit, sich zu konzentrieren, ist wesentlich für jedes Vorbild. Ständige Übungen darin machen den Menschen zu einem disziplinierten Menschen. Dadurch ist er in der Lage, ein Problem zu vereinfachen, das Wesentliche, auf das sich jede Handlung gründen muß, und die unwichtigen Nebenerscheinungen zu erkennen.

Kurz: Er braucht einen Blick für das Wesentliche.

## 2. Entschlußfähigkeit

Entschlußfähigkeit ist die Vorbedingung für ein Vorbild. Im Fall dieser drei Großen erforderte das Auftreten vor der Öffentlichkeit und der Beginn ihrer Lehre einen großen Entschluß.

Wankelmut gehört nicht zu den Eigenschaften eines Vorbildes.

Zudem muß ein Vorbild die Fähigkeit besitzen, die alltäglichen Situationen zu beherrschen und zu meistern.

Das wahre Vorbild muß ferner auch ein echtes Interesse an den Menschen nehmen und ihre Probleme gründlich kennen, denn Menschen sind ja das Rohmaterial seines Handwerks. Er muß begreifen, daß im menschlichen Gemüt gewaltige Kräfte gespeichert sind, die es zu wecken und im positiven Sinne auszunutzen gilt, indem man die Einbildungskraft der Menschen anregt und ihnen *»warm ums Herz«* macht.

Wer es beherrscht, die freigewordenen Kräfte einzuspannen und auf ein gemeinsames Ziel auszurichten, der ist zu den größten Taten fähig.

Wer aber kühl und unpersönlich an die menschlichen Probleme herangeht, wird wenig erreichen.

Bitte überprüfen Sie einmal, ob Sie die vier nachfolgenden Kardinaltugenden des Vorbildes besitzen.

### a) Weisheit

Die Gewohnheit, alle Dinge im Zusammenhang zu sehen. Von hoher Warte aus die Dinge zu betrachten, mit Geduld, Klugheit und Sensibilität.

### b) Gerechtigkeit

Die Neigung, jedermann das Seine zu geben. Daraus leiten sich her: Dankbarkeit, Rechtschaffenheit und freundliches Entgegenkommen seinen Mitmenschen gegenüber.

### c) Mäßigkeit – Selbstbeherrschung

Um die menschliche Natur zu möglichst großer Höhe zu entwickeln, sowohl persönlich als auch im Umgang mit den Menschen.

### d) Seelenstärke

Die innere Haltung, um den Anfechtungen und Versuchungen des Lebens zu widerstehen, sie zu ertragen und schließlich über sie zu triumphieren. Dazu gehören sittlicher Mut, Fleiß und Selbstdisziplin.

Am einfachsten ausgedrückt, ist ein Vorbild ein Mensch, der andere dazu bringt, ihm zu folgen.

Es gibt viele mutige willensstarke Menschen, denen man auf keinen Fall folgen möchte, weil man nicht weiß, wofür sie eintreten und wohin sie gehen. In keinem Fall wird ein Vorbild Erfolg haben, wenn man nicht als Mensch zu ihm aufsehen und seinem Urteil vertrauen kann.

Er muß die Geführten begeistern und ihnen das Herz warm

machen können, indem er ihr Vertrauen erwirbt und ihnen in einer Sprache, die sie verstehen können, erklärt, was zu tun ist.

So muß ein Vorbild ein gutes Urteil haben und ein hohes Maß an Menschenkenntnis besitzen.

Ein Vorbild lebt mit seinen Gedanken in der Zukunft.

Ein Vorbild besitzt eine genaue Vision von der Zukunft, denn er ist kein Verwalter. Dieser Glaube an seine Ziele, seine Ideale, gibt ihm die Kraft, schwierige Situationen mit Gelassenheit zu meistern.

Da die Menschen gern glauben, was sie sehen, ist sein Auftreten, sein Augenkontakt und seine Sprache von besonderer Bedeutung.

Bitte überprüfen Sie einmal, ob Sie Goethes Erkenntnis zustimmen können:

*»Man lernt nur von einem Menschen, den man liebt.«*

Einen Menschen, den man achtet, den man liebt, als Vorbild akzeptiert hat, folgt man gern und leicht, man folgt einer solchen Persönlichkeit *unbewußt.*

Schlimm und schwierig wird das Leben, wenn man über alles diskutieren muß, sich immer rechtfertigen muß, alles erst in Frage stellt und kein Vertrauen mehr besitzt. Bewußtes und unbewußtes Mißtrauen erschwert alles, macht oft sogar das Beste zunichte. Darum unser Ziel: eine vertrauenausstrahlende Persönlichkeit sein.

Der Dirigent Herbert von Karajan fand heraus:
*»Ich benötige ein viertel Jahr, bis mir das Orchester unbewußt folgt.«*

Sie erkennen, wie negativ es ist, wenn Bezugspersonen dauernd ausgewechselt werden.

In diesem Kapitel haben wir gemeinsam darüber nachgedacht, was einen Menschen befähigt, ein Vorbild zu werden oder zu sein, um sein Leben auch zum Besten für seine Mitmenschen zu nutzen.

Entwickeln Sie den Willen, ein positives Vorbild zu werden, und prägen Sie Ihrem Unterbewußtsein den Abschlußgedanken ganz fest ein.

Drei Tugenden bestimmen das Denken und Handeln eines positiven Vorbildes:

| |
|---|
| *Glaube – Liebe – Hoffnung* |

# Vom Umgang mit sich selbst oder das Tor zum Unterbewußtsein

Das Abenteuer, die innere Welt zu entdecken, wird genauso groß und wunderbar sein wie die Entdeckung der äußeren Welt mit ihren Wundern.

Können Sie sich noch wundern?

*»Ihr seid so jung wie Euer Glaube, so alt wie Eure Zweifel, so jung wie Euer Selbstvertrauen, so jung wie Eure Hoffnung, so alt wie Eure Niedergeschlagenheit.*

*Jung ist, wer noch staunen und sich begeistern kann. Wer noch wie ein unersättliches Kind fragt – und dann? Wer die Ereignisse herausfordert und sich freut am Spiel des Lebens. Ihr werdet jung bleiben, solange Ihr aufnahmebereit bleibt, empfänglich für das Schöne, das Gute, das Große. Empfänglich für die Botschaften der Natur, der Mitmenschen, des Unfaßlichen. Sollte eines Tages Euer Herz geätzt werden vom Pessimismus, zernarbt vom Zynismus, dann möge Gott Erbarmen haben mit Eurer Seele, der Seele eines Greises.«*

So treffend formulierte es Albert Camus.

Ich habe oft den Eindruck, daß der moderne Mensch zu viele Dinge hinnimmt und zuwenig darüber nachdenkt, wie man etwas ändern könnte. Diese negative Einstellung äußert sich z.B. in den Gedanken:

*»Man muß sich auch mit einer Sache abfinden können.«*

oder

*»Man sollte sich nicht überschätzen.«*

oder ganz negativ

*»Man sollte auch seine Grenzen kennen.«*

Der Inhalt dieses Kapitels wird Ihnen zeigen, wie Sie das Negative in Ihrem Leben überwinden können. Die Voraussetzung, um etwas zu ändern, ist der unerschütterliche Glaube an sich selbst. Dieser Glaube ist es, der die Kräfte der Seele frei macht.

*»Im Anfang war das Wort, und nichts ist geworden denn durch das Wort.«*

So steht es in der Bibel, und Goethe, der über dieses Zitat lange nachgedacht hat, fügt im *»Faust«* noch folgendes hinzu:
*»Geschrieben steht, im Anfang war das Wort, hier stock' ich schon, wer hilft mir weiter fort. Ich kann das Wort so hoch unmöglich schätzen, ich muß es anders übersetzen, wenn ich vom Geiste recht erleuchtet bin, geschrieben steht, im Anfang war der Sinn. Bedenke wohl die erste Zeile, daß deine Feder sich nicht übereile.*
*Ist es der Sinn, der alles wirkt und schafft? Es sollte stehn: im Anfang war die Kraft. Doch auch indem ich dieses niederschreibe, schon warnt mich was, daß ich dabei nicht bleibe. Mir hilft der Geist, auf einmal seh' ich Rat und schreib getrost, im Anfang war die Tat.«*

Im Wort liegt die magische Kraft, das Gewünschte und Erhoffte zu materialisieren.

Das Wort ist eine hörbar gewordene Idee. Diese Idee kann sich aber nur dann verwirklichen, wenn unsere Gedanken kraftvoll aufgeladen sind.

Wer etwas ändern will, muß zuerst wissen, was er ändern will. Er sollte seine Ziele in einem kurzen Satz präzise und schriftlich formulieren. Dieser Vorsatz muß nun stark und mächtig werden.

Das 13. und das 14. Denkgesetz weisen uns den Weg.

*Die ständige Wiederholung einer Idee wird erst zum Glauben, dann zur Überzeugung. Glaube führt zur Tat. Konzentration führt zum Erfolg. Wiederholung führt zur Meisterschaft!*

Die tibetanischen Lamas kannten die Kraft und Wirkung der Gedanken. Sie wußten, daß eine geistige Vorstellung, ständig wiederholt, sich schließlich realisiert. Stärksten Ausdruck fand diese Überzeugung in den tibetanischen Gebetsmühlen. In eine tibetanische Gebetstrommel wurde schriftlich ein Gebet, also ein heißer Wunsch, eine starke geistige Vorstellung, hineingelegt, und jede Drehung der Trommel in Gedanken, bei höchster Konzentration nachvollzogen, war eine Wiederholung!

Uns ist das berühmte Mantra
*»OM MANI PADME HUM«*
bekannt.

*Abbildung 8*
*Diese tibetanische Gebetsmühle ist ein Symbol für das Tor zum Glück: Man kommt nur hindurch, ins Glück oder zum Erfolg, wenn man die Gebetsmühle dreht. Unsere Gedanken und Ziele müssen stark und kraftvoll werden. Kraftvoller jedenfalls als die Dämonen zu beiden Seiten des Tores, die Zweifel, Unsicherheit, Mangel an Selbstvertrauen symbolisieren. Möge dieses Kapitel das Tor zu Ihrem persönlichen Glück öffnen.*

*»Das Tor zum Unterbewußtsein«*
oder
*»Vom Umgang mit sich selbst«*

Dieses Kapitel wird Ihnen helfen, sich selbst besser zu verstehen. Der moderne Mensch ist klug, unendlich klug, und er weiß aufgrund seiner Bildung und Erfahrung unendlich viel. Unser Allgemeinwissen nimmt ständig zu. Wir kennen die Oberfläche des Mars' sowie des Mondes, doch wie es in unserem Inneren aussieht, warum wir so sind, wie wir sind, warum wir dieses oder jenes tun oder auch nicht tun, warum wir eine Vorliebe für das eine und eine große Abneigung gegen das andere haben, all diesen Dingen, die für unser eigenes Leben oft so wichtig und entscheidend sind, schenken wir nur wenig Aufmerksamkeit, und doch hängt das Glück und der Erfolg unseres Lebens von den Vorgängen, die uns aus unserem Inneren steuern, lenken und leiten, ab.

Wenn wir einen Fotoapparat kaufen, studieren wir zunächst ganz gründlich die Gebrauchsanweisung, um anschließend optimale Fotos schießen zu können, denn ist unsere Kamera nicht richtig eingestellt, kann sie keine präzisen Aufnahmen machen. So wie der Fotograf die richtige Einstellung seiner Kamera beachten muß, so sollte sich der Mensch für das interessieren, was in seinem Inneren vor sich geht, denn wir können uns nur dann höher- und weiterentwickeln, wenn wir tatsächlich in der Lage sind, uns selbst richtig einzustellen und, was ebenso wichtig und erforderlich ist, einzustimmen.

Was weiß nun der Mensch von sich? In den letzten Jahren hat sowohl die Psychologie als auch die moderne Gehirnforschung sehr viel Neues zutage gefördert, was für den einzelnen von uns wichtig und von entscheidender Bedeutung sein kann. Mit diesem Wissen wird es uns gelingen, mehr aus uns selbst und unserem Leben zu machen.

Seit ungefähr 400.000 Jahren kann man die Spur des Menschen hier auf dieser Erde verfolgen, und Archäologen können uns zeigen, wie sich der Mensch von Generation zu Generation höher- und weiterentwickelt hat. Diese anhaltende Fortentwicklung des Homo sapiens wurde möglich durch die Leistungen unseres Gehirns und durch die Arbeit unseres Bewußtseins. In Jahrmillionen hat die Natur dem Menschen ein Nervensystem geschaffen, welches ihm tatsächlich ermöglicht, sich nicht nur auf der Erde gegenüber allen Widerständen zu behaupten, sondern das ihm auch die Fähigkeit gibt, seine eigene Zukunft bewußt zu gestalten.

Deshalb bezeichnen viele Forscher das Gehirn als zentrales Überlebensinstrument, als das Instrument, das dem Menschen ermöglicht, sich zu behaupten, sich durchzusetzen.

Zum besseren Verständnis, welche Vorgänge sich in unserem Gehirn abspielen, sei es mir erlaubt, das menschliche Gehirn mit einem Computer zu vergleichen. Oft stehen wir voll Achtung und Respekt vor diesen modernen Geräten und bewundern ihre Höchstleistungen. Gleiche und noch viel bessere Leistungen kann unser Gehirn vollbringen. Das menschliche Gehirn, unser Computer, besitzt viele Billionen Gedächtnisspeicher, die nicht nur rechnen, sondern auch kreativ sein können.

Die Natur hat uns etwas sehr, sehr Kostbares geschenkt. Aber vielleicht liegt gerade in diesem Geschenk die Ursache begründet, warum wir unser Gehirn nicht hoch genug bewerten und zu schätzen wissen. Bekanntlich steuert unser Nervensystem nicht nur die Körpertemperatur, reguliert nicht nur den kolossal komplizierten chemischen Prozeß der Verdauung, läßt nicht nur Atmung und Herztätigkeit völlig automatisch arbeiten, sondern steuert auch unser gesamtes bewußtes und unbewußtes Leben.

Nach diesen Informationen dürfte es Ihnen, verehrte Leser, leichtfallen zu verstehen, wie notwendig es ist, das Gehirn, das wie eine hochperfektionierte Maschine in uns arbeitet, etwas genauer kennenzulernen. Nie wurde von mir behauptet, daß der Mensch eine Maschine sei, aber ich habe immer wieder festgestellt, daß der Mensch in sich eine perfekt arbeitende Maschine trägt, die aber nur dann perfekt und reibungslos arbeitet und Höchstleistungen vollbringen kann, wenn sie richtig eingestellt, wenn sie richtig programmiert ist.

Ist das Gehirn falsch programmiert oder falsch eingestellt, so kommt es zu seelischen und infolgedessen zu körperlichen Krankheiten mannigfaltiger Art.

Betrachten wir die vielen psychosomatischen Krankheiten, so kommen wir sehr schnell zur Erkenntnis, daß bei vielen Menschen einfach das zentrale Nervensystem verstimmt sein muß.

Oft habe ich den menschlichen Körper mit einer Marionette verglichen. Jede Marionette ist nur in der Lage, ihre Glieder zu bewegen, wenn sie durch Impulse dazu veranlaßt wird. Ebenso geht es unserem Körper und unseren Organen, wenn ganz bestimmte Impulse sie dazu veranlassen. Unser Gehirn und unser Unterbewußtsein ist somit nicht nur ein Speicher, sondern gleichzeitig ein Informationsverarbeiter und Impulsgeber. Es sind also die Impulse, die uns steuern, die uns lenken, bewußt oder unbewußt. Sie kennen sicherlich das geflügelte Wort
*»Der Mensch ist ein Gewohnheitstier«.*

Wenn wir nun davon sprechen, daß der Mensch ein Gewohnheitstier ist, so wird uns bewußt, daß es nicht nur gute, sondern auch negative Gewohnheiten gibt, die unser Verhalten und Handeln bestimmen.

Bei diesen Gewohnheiten handelt es sich um Impulse aus unserem Unterbewußtsein. Hat also das Unterbewußtsein des Menschen viele positive Gewohnheiten gespeichert, so ist es verständlich, daß das Verhalten gleichermaßen positiv gestaltet wird. Hat nun ein Mensch viele negative Gewohnheiten gespeichert, so dürfte sein Verhalten, seine ganze Lebenseinstellung auch dementsprechend negativ sein.

Jeden Morgen wünschen wir uns einen *Guten Morgen.* Doch was tun wir dazu, daß es auch ein guter Morgen wird?

Vielleicht werden Sie es bejahen, wenn wir eine kleine schöpferische Pause zur Aktivierung Ihres Unterbewußtseins einlegen. Bitte lesen Sie die nachfolgenden Zeilen laut mit einer warmen, weichen Stimme. Sie werden die Wirkung sehr schnell spüren.

*»Ich lebe – ich denke – ich freue mich, daß ich lebe und werde heiter, ausgeglichen und belastbar sein.*
*Mein Selbstbewußtsein wächst und ist mein ständiger Begleiter.*
*Mein Selbstbewußtsein wächst und ist mein ständiger Begleiter.*
*Ich bin glücklich, daß ich an der Entfaltung meiner Persönlichkeit arbeiten kann.*
*Ich werde ein freier Mensch und löse mich von allen negativen Fesseln der Vergangenheit.*
*Ich werde ein freier Mensch und löse mich von allen negativen Fesseln der Vergangenheit.*
*Ich werde ein freier Mensch.*
*Mein Selbstbewußtsein wächst und wird mein ständiger Begleiter.*
*Mein Selbstbewußtsein wächst und wird mein ständiger Begleiter.*
*Mein Selbstbewußtsein wird mich weiter aufwärtsführen.*
*Positives Denken wird für mich zu einer wunderbaren Gewohnheit.*
*Positives Denken wird für mich zu einer wunderbaren Gewohnheit.*
*Darum werde ich den ganzen Tag über heiter, ausgeglichen und belastbar sein.«*

Für die Nutzanwendung unserer fortschreitenden Erkenntnisse ist nun die Frage sehr wichtig, wie es zu diesen Impulsen in unserem Unterbewußtsein gekommen ist.

Wenn der Mensch nach den neun Monaten im Mutterleib geboren wird, so ist er zunächst einmal geprägt durch die Erbmasse, die ihn vorgeformt hat:

Körperbau, Augenfarbe, Hautfarbe, Konstitution und viele, viele andere Dinge mehr haben wir von unseren Eltern mitbekommen. Gleichzeitig liegt in jedem menschlichen Körper auch das Wissen um die vegetativen Steuerungsvorgänge im Inneren des Menschen. Also all die Dinge, die der Mensch nicht erst zu erlernen braucht, sondern die er von Natur aus kann. Denken Sie dabei bitte noch einmal an das bereits Vorhergesagte über den ungeheuren komplizierten, biologisch chemischen Prozeß, der unser körperliches Leben entscheidend bestimmt.

Die wesentlichen Dinge, die den späteren Lebensweg und das Glück des Menschen bestimmen, muß der Mensch aber erlernen. Auch hier hat die Natur bereits bestens vorgesorgt, denn es ist eine unbestrittene Erkenntnis, daß der Mensch das lernfähigste Wesen dieser Erde ist. Das menschliche Gehirn ist mit dem dazu notwendigen Gedächtnisspeicher ausgerüstet. So gibt es Forscher, die behaupten, daß die Speicherkapazität unseres Gedächtnisses selbst dann ausreichen würde, wenn wir 100.000 Jahre alt würden. Wir sind damit bei der Bedeutung des Gedächtnisses.

Von dem Tag der Geburt an bis heute hat unser Gedächtnis alle Informationen unseres Lebens gespeichert. Wenn Sie ein Kind in den ersten Wochen seines Lebens in seiner Wiege beobachten, werden Sie bemerken, es schaut Sie mit großen, ruhigen und offenen Augen an. Warum auch nicht? Denn bis jetzt hat es doch normalerweise nur Wärme, Liebe, Zärtlichkeit und Fürsorge empfangen. Aber ist das gleiche Kind nach fünf oder sechs Jahren noch in der gleichen ausgeglichenen harmonischen Verfassung, oder müssen wir dann erleben, daß es durch Fehler, Enttäuschungen und negative Erfahrungen sich schon verändert hat?

Der Mensch kommt also nicht mit den Fehlern unserer Zivilisation zur Welt, sondern erst die Umwelt, in der er hineingeboren wird, prägt und formt ihn. Damit erkennen wir die Bedeutung der ersten Lebensjahre eines Menschen. Hier werden die Bausteine und das Fundament für sein zukünftiges Leben gesetzt. In diesen ersten Jahren fällt die Entscheidung, ob ein Mensch mutig oder ängstlich, selbstbewußt oder schüchtern wird. Alle Informationen unseres Lebens sind in unserem Gedächtnis gespeichert und werden sich dort zu Impulsen verdichten, die unser zukünftiges Handeln lenken und leiten werden.

Ein Mensch also, der viele Enttäuschungen erlebt hat, wird

zwangsläufig auch die Welt durch eine negative, von seinen Enttäuschungen geprägte Brille sehen. Dagegen wird ein Mensch, der viele glückliche Informationen gespeichert hat, die gleiche Welt mit einer rosaroten Brille betrachten.

Vielleicht ist es Ihnen und Ihrem Unterbewußtsein angenehm, noch eine kleine Trainingspause einzulegen.

Sprechen Sie bitte den nachfolgenden Abschnitt laut und mit einer warmen Stimme, damit Ihre Ohren Ihre positiven Gedanken hören.

*»Ich beobachte meine Bauchdecke und fühle, wie sich meine Bauchdecke hebt und senkt.*
*Ich erlebe meinen Atemrhythmus.*
*Ich achte auf meine Gefühle und spüre eine angenehme Veränderung beim langsamen Ausatmen.*
*Ich kann es spüren, beim Ausatmen kann man Dampf ablassen.*
*Beim Ausatmen kann man weich werden.*
*Beim Ausatmen kann man zu seinen Wurzeln sinken.*
*In einen Zustand natürlicher Geborgenheit.*
*In diesem Zustand der Entspannung und Geborgenheit kann ich mich am leichtesten vom Negativen lösen.*
*Man kann sich befreien, man kann frei werden.*
*Beim Ausatmen atme ich immer wieder Kohlendioxyd aus.*
*Ich kann mich aber beim Ausatmen auch von allem Negativen lösen – ganz lösen – ganz frei werden.*
*Ich kann mich ganz dem Positiven öffnen.*
*Ich kann mich ganz dem Positiven öffnen.*
*Beim Einatmen tanke ich jetzt Kraft und Energie für die nächsten Schritte meines Lebens.*
*Ich tanke jetzt Kraft und Energie für die nächsten Schritte meines Lebens.*
*Da mein Unterbewußtsein am besten weiß, was gut für mich ist, lasse ich mich sicher und selbstbewußt führen.«*

Wir kommen zu einer weiteren wichtigen Erkenntnis:

Wir sehen die Welt nicht so, wie sie ist, sondern wir sehen die Welt nur so, wie sie uns erscheint. Ich darf diesen wichtigen Satz noch einmal wiederholen:

Wir sehen die Welt nicht so, wie sie ist, sondern wir sehen die Welt nur so, wie sie uns erscheint.

Durch das bisher Gelesene haben Sie erkannt, wie bedeutsam die Umwelt für das Leben eines Menschen ist. Unser Leben wird nicht nur bestimmt durch die Erbfaktoren, sondern auch durch die Dinge, die wir erlebt haben, die uns geformt und geprägt haben.

In der Zusammenfassung des bisher Gelesenen erkennen wir sehr deutlich, daß all das, was wir bis heute erlebt und erfahren haben, unser heutiges Denken, Fühlen und Empfinden bestimmt. Karl Jaspers, einer der bedeutenden Philosophen unserer Zeit, sagt in seinem Buch
*»Vom Ursprung und Ziel der Geschichte«:*

*»Die Vergangenheit des Menschen bestimmt seine Zukunft.«*

Und in der Regel ist es auch so, daß ein ängstlicher Mensch auch in der Zukunft ein ängstlicher Mensch bleiben wird und daß ein mutiger Mensch auch zukünftig mutig bleibt.

Für uns ergibt sich daraus die schicksalsentscheidende Frage: Muß man seine Gewohnheiten hinnehmen, oder gibt es eine Möglichkeit und gibt es Chancen der Charakterveränderung, der Höher- und Weiterentwicklung?

Stellen Sie sich einmal vor, Sie säßen im Kino und sähen einen Film. Es wäre der Film Ihres Lebens. Was für einen Film würden Sie sehen? Den Film eines glücklichen, fähigen und tüchtigen Menschen oder einen traurigen und hoffnungslosen. Vielleicht würden Sie sich über diesen Ihren Film freuen. Vielleicht aber möchten Sie am liebsten den Projektor abschalten, um nicht länger mit sich selbst konfrontiert zu werden. Es ergibt sich jetzt die Frage: Muß der Mensch nur Betrachter seiner eigenen Szenerie sein, oder kann er, falls ihm der Film seines Lebens nicht gefällt, zum Projektor gehen und einen neuen, anderen Film einlegen? Anders ausgedrückt: Muß der Mensch so bleiben, wie er ist, oder gibt es die Chance der Wandlung?

Wenn wir unsere Mitmenschen beobachten, so wird es schwer, an diese Chance zu glauben. Wie oft haben wir schon gehört:
*»Niemand kann aus seiner Rolle heraus. Man muß die Menschen nehmen, wie sie sind.«*

Oder wie wir es von Schopenhauer kennen:
*»Nach dem Gesetz, nach dem Du angetreten bist, mußt Du weiterlaufen.«*

Das ist die eine Seite der Medaille, auf der anderen Seite hat es aber immer Menschen gegeben, die an die Möglichkeiten der Wandlung geglaubt haben. So wurde aus dem Saulus ein Paulus. So wurde bei Hans Christian Andersen aus dem häßlichen Entlein der wunderschöne Schwan.

Der Mensch muß also nicht nur Betrachter sein und ist nicht zur Hilflosigkeit und Unfähigkeit verurteilt, er kann auch, aber nur, wenn er will, an seinem eigenen Drehbuch mitschreiben.

Dieses Wunder der Persönlichkeitsentfaltung wird dadurch möglich, daß man weiß, wie das Unterbewußtsein im Menschen arbeitet.

Heute wissen wir genau, was man tun muß, um sein Unterbewußtsein umzuprogrammieren. Um also neue positive Gewohnheiten in sich zu verankern. Bei allen diesen Übungen geht es um die Kunst der Selbstbeeinflussung, um die Kunst, sein eigenes Unterbewußtsein richtig zu behandeln – und zwar so zu behandeln, daß es automatisch positive Leistungen vollbringt. Ein Blick in die Geschichte macht deutlich, daß das Unterbewußtsein oder der innere Mensch – die Seele – allen Völkern vertraut war. Mit Sagen, Mythen und Legenden versuchten unsere Ahnen es zu erfassen und darzustellen. In religiösen Zeremonien und ekstatischen Kulten wurde das Unterbewußtsein erlebt und erfahren.

Der Begriff *»Unterbewußtsein«* stammt aus dem alten Ägypten. Wir wundern uns oft, warum es eine solche Vielzahl von Göttern gab. Die in den phantasievollsten Darstellungen, wie Engel und Teufel, Medusen, Sphinxen, Drachen, Nixen, Hexen, Feen, Zwerge, Alraunen, Trolle und Giganten, als Menschentiere und Tiermenschen, auftauchten.

Jedes dieser seltsamen Wesen ruft vielfältige Vorstellungen in uns wach. Ihre Sinnbilder sind tief in unsere Seele eingedrungen und beeinflussen uns unbewußt, aber nachhaltig.

All die alten Götter – segenbringende ebenso wie dämonische – sind Archetypen, wie es uns C.G. Jung gelehrt hat, also Urbilder für die im Menschen angelegten Gefühle und Gemütszustände.

Wie anders könnte der Mensch seine Ängste, Sorgen und Verzweiflungen ausdrücken und darstellen als durch Fratzen, Masken und bedrohliche Fabelwesen. Selbst ganz modernen Horrorfilmemachern fällt nichts anderes ein als die Versinnbildlichung des Schreckens durch grauenhafte, brüllende Untiere und abstoßende Monstren. Häßlichkeit – sie ist seit Urzeiten in uns als böse, abstoßend und widerwärtig verankert. Wir fliehen und lehnen sie ab, unbewußt, aber bestimmt. Schönes, Glänzendes, Harmonisches, Gefälliges hingegen zieht uns an – ebenso unbewußt und ebenso bestimmt. Kann man das Unterbewußtsein sehen? »Das Wesentliche ist für die Augen unsichtbar« lesen wir bei Saint-Exupéry. Wie beim Baum das Wichtigste den Augen entzogen ist, so ist unser Unterbewußtsein dem Auge nicht sichtbar. Aber ebenso wie die Kraft des Baumes in den Wurzeln sitzt, ebenso sicher wird unsere Kraft, unsere Lebensenergie, unser Charakter, unsere Fähigkeiten, Talente, ja unser ganzes Wesen, Gang, Gestik, Mimik, Stimme, Sprache von unserem Unterbewußtsein hergestellt und von innen nach außen sichtbar und erkennbar gemacht. Unser Körper ist das Werkzeug, mit dem das Unterbewußtsein sich ausdrückt.

Trotzdem gibt es die Möglichkeiten, unser Unterbewußtsein *»zu sehen«!*

Wie?
Wenn wir die Augen schließen.

*»Mach' die Augen zu – was Du dann siehst – das gehört Dir«*

sagt Günther Eich.

Wenn die Augen geschlossen sind, schalten wir die äußeren optischen Eindrücke aus, trotzdem *»sehen«* wir geistige Bilder, die aus unserem Gedächtnis aufsteigen.

Wir sehen, was wir früher – vor fünf Minuten oder vor fünf Jahren – einmal erlebt und aufgenommen haben, wir erinnern uns. Wir haben – wie das Wort Er-innerung ja deutlich ausdrückt – aus unserem Inneren, aus unserem Gedächtnis die Eindrücke, die sich dort eingedrückt haben, zurückgeholt, und sie stehen uns damit greifbar *»vor Augen«*.

Erinnerungen kommen oft komplett mit allen begleitenden Sinneseindrücken zurück. Wie wirkt das Unterbewußtsein? Das Innere dringt also nach außen. Im Unterbewußtsein entstehen die Ursachen dessen, was nach außen kommt. In unserem Inneren ist der Grund dafür angelegt, was nach außen wirkt. Was also wirklich zu sehen und zu erkennen ist, was Wirk-lichkeit ist.

Ein Baum kann auf uns nur groß, schön und imposant, mächtig und wuchtig wirken, wenn seine Wurzeln ihm helfen, die dafür erforderliche Kraft zu finden, und ihn sicher verankern und festhalten. Die unsichtbaren Wurzeln sind das Unterbewußtsein des Baumes.

Unser Äußeres, unsere Bewegungen, Erfolge und Mißerfolge, unsere Sprache, unsere Gesundheit oder Krankheit werden im Unterbewußtsein verursacht.

Sigmund Freud gab dem Unterbewußtsein den Namen *»Es«*. *»Es«* bestimmt unser Schicksal weitgehend, denn wenn dieses Lebensnervensystem in Unordnung gerät, dann arbeitet es nicht mehr ausgewogen und zuverlässig. Wir fühlen uns dann müde und schlapp, unlustig, schlecht gelaunt, verstopft, verschnupft, zu dick, ungeschickt und linkisch. Ein funktionsgestörtes Unterbewußtsein bedeutet Kopfweh, kalte Füße, Magendrücken, Schwindel, Wetterabhängigkeit, Frösteln, unbeschreibbare Ängste, Ungeduld, Nervosität, Unsicherheit und Mutlosigkeit. Die Ärzte nennen diese Symptome *»vegetative Dystonie«*.

Alle theoretischen Erkenntnisse dieses Kapitels verfolgen nur einen Zweck:

Sie für die Praxis, für das Training Ihres Unterbewußtseins zu motivieren, darum gleich noch eine Übung.

Vielleicht haben Sie schon gelernt, Ihr Unterbewußtsein immer wirksamer positiv zu beeinflussen. Damit Ihr Einfluß noch stärker wird, folgt eine weitere Übung, die Sie wieder laut und suggestiv lesen sollten.

*»Ich spüre, wie sich meine Bauchdecke ganz weich hebt und senkt – immer wieder habe ich über die großen Vorteile nachgedacht, wenn ich die dynamischen Kräfte des Unterbewußtseins vor meinen Lebenswagen spanne.*
*Ich weiß und fühle es ganz genau, mein Unterbewußtsein, das ist der Riese in mir.*
*Mein Unterbewußtsein, das ist der Riese in mir.*
*Wenn ich in dieser Ruhe an die vielen Situationen meiner Vergangenheit denke, wird mir bewußt, wie oft ich schon die dynamischen Kräfte meines Unterbewußtseins genutzt habe.*
*Wenn ich an die Glücksfälle meines Lebens denke, weiß ich, was ich meinem Unterbewußtsein verdanke.*
*Aus diesem Grunde bin ich sicher, ganz sicher, daß mein Unterbewußtsein mir auch in Zukunft helfen wird, mein Leben zu meistern.*
*Mein Unterbewußtsein wird mir auch in Zukunft helfen, mein Leben glücklich zu meistern.«*

Alle Suggestivübungen werden Ihnen beim Umprogrammieren Ihres Unterbewußtseins behilflich sein. Wie arbeitet nun das Unterbewußtsein? Wie wir wissen, ist das vegetative oder unwillkürliche Nervensystem dafür verantwortlich, all unsere physiologisch lebensnotwendigen Körperabläufe in harmonischer Ordnung zu erhalten. Die Kommandobrücke des Lebensnervensystems und aller Körperdrüsen ist der Hypothalamus, der im Zwischenhirn liegt. Dieses Zwischenhirn wird umsäumt vom limbischen System, einem unserer, stammesgeschichtlich gesehen, ältesten Gehirnteile, das für das Gefühlsleben zuständig ist. Unsere Gehirnorgane sind aber nun keineswegs so autonom, so selbständig, wie es immer heißt. Der Hypothalamus – und damit auch das Lebensnervensystem und das Unterbewußtsein – können auch ganz bewußt und gezielt von uns angeleitet werden.

Zunächst beeinflussen diesen Befehlsstand im Zwischenhirn, den Hypothalamus, all die Informationen, die ihm von den Sinnesorganen über das Großhirn vermittelt werden. Der Hypothalamus übersetzt die Informationen in gute und schlechte Impulse für das vegetative Nervensystem, für Stoffwechsel und Drüsen. Die tiefsten Einwirkungen aber kommen aus dem Seelischen und aus unseren Gedanken und Vorstellungen, die von Gefühlen begleitet werden. In diesem Gehirnteil wird der Geist zur Materie, das heißt, hier werden Gedanken, Vorstellungen, Wünsche, Befürchtungen und Gefühle in elektrochemische Impulse umgesetzt, die von den Drüsen und vom Nervensystem an die Körperorgane weitergeleitet werden. Deshalb schädigen, vergiften, blockieren und verkrampfen Furcht, Angst, Neid, Mißgunst, Rache, Eifersucht, Groll, Streit und Zank unsere Nerven und Organe, wobei sich oft jedes Gefühl ein bestimmtes Organ aussucht. Z.B. der Ärger die Galle, neurotischer Ehrgeiz den Magen, Streß den Darm, Angst das Herz oder die Lunge.

Sind also solche Gefühle und deren Impulse auf den Körper ein Dauerzustand oder werden sie oft und immer wiederholt, so geraten die Nerven und die Organabläufe in Unordnung, können nicht mehr sinnvoll und biologisch ineinander greifen und haben somit zur Folge, daß der Mensch sich nicht mehr richtig wohl fühlt und schließlich krank wird. Das Unterbewußtsein unterweist aufs feinste alle für unser Leben wichtigen und gewohnheitsmäßigen Funktionen und Organtätigkeiten, und das rund um die Uhr. Das Unterbewußtsein ruht also nie, es arbeitet auch zuverlässig und lebenserhaltend, wenn wir schlafen oder gar bewußtlos sind. Das Unterbewußtsein ist unser Lebensmotor schlechthin. Zu den wichtigen Fähigkeiten des Unterbewußtseins gehört die Fähigkeit, Informationen zu speichern.

Das Gedächtnis, also unser privates »*Archiv*« an Erlebnissen, Informationen, Kenntnissen und Lerninhalten, ist über das gesamte Denkorgan in Form von Eiweißmolekülen verteilt. Alle neuen Informationen werden mit bereits vorhandenen verglichen, verbunden, verknotet und verankert. Unser Gedächtnis ist unbegrenzt speicherfähig. Das Erbgedächtnis, der genetische Code, unser Urwissen, das wir von all den vorangegangenen Generationen geerbt haben, es sitzt in jeder einzelnen unserer vielen Billionen Körperzellen. Das ist natürlich eine sehr vereinfachte Darstellung des Unterbewußtseins, die aber für unsere Zwecke völlig genügt. Ist das Unterbewußtsein alleskönnend?

Ja. Die menschliche Phantasie ist ohne jede Begrenzung. Unsere Vorstellungskraft ist unerschöpflich. Im Traum können wir alles: fliegen, tauchen, rennen, schweben und sich verwandeln, unsichtbar werden, alles ertragen, alles erdenken. Träume sind Spaziergänge im Unterbewußtsein. Träume sind Vorstellungen, die von keinem Verstandesdenken, also Oberbewußtsein, kontrolliert und zensiert wurden. Der wache menschliche Geist konnte bis heute Probleme lösen und wird auch in Zukunft überleben, denn unser Gehirn ist das beste Werkzeug der Natur. Unser Gehirn ist ein Problemlösungsorgan. Mit unserem Gehirn können wir alles erdenken; das Schönste, das Häßlichste, das Nützlichste, aber auch das Zerstörerische.

### *Ist das Unterbewußtsein unsterblich?*

Das persönliche Unterbewußtsein, also unser ganz privates Gedächtnis, beginnt wahrscheinlich bei der Zeugung und endet mit unserer Todesminute. Das Urwissen aber, das kollektive Gedächtnis, besteht weiter. Wir bekamen es von unseren Eltern und geben es an unsere Kinder weiter. Das Unterbewußtsein ist, wie wir gesehen haben, eine sehr persönliche, aber auch eine ganz menschliche Einrichtung. Da jeder Mensch so ein Wunderding in sich trägt, sind wir tatsächlich alle verwandt, alle gleich angelegt, alle Brüder, alle Unterbewußtseinsgeschwister. Das Urwissen ist der Erfahrungsschatz aller Generationen, die vor uns gelebt haben. Es wurde beeindruckt von Sinnbildern, Symbolen, die früher Gottheiten genannt und verehrt oder gefürchtet wurden. Eine Gottheit ist mächtig, allmächtig. Eine Gottheit ist unsterblich, überlegen, alleswissend und alleskönnend, und genau das ist das menschliche Urwissen, das Gute oder das Böse in uns.

Ist das eine Gotteslästerung? Im Gegenteil, wir tragen Gott in uns, oder nicht. Himmel und Hölle sind Zustände der Seele. Nicht außerhalb unseres Körpers, irgendwo über den Wolken oder unter der Erde sind Jenseits und Unterwelt, sondern im eigenen Nervensystem.

### *Ist das Unterbewußtsein allmächtig?*

Ja, der Mensch kann alles, hat Unglaubliches fertiggebracht und wird es auch weiterhin können. Ist das Unterbewußtsein allwissend?

Ja, alles Wissen ist im Weltall, in der Natur vorhanden, wir können es erforschen, aufdecken, erkennen. Neue Naturgesetze herstellen können wir nicht. Alles Wissen dieser Welt ist vorhanden im Urwissen, im Erbgedächtnis (genetischer Code).

Wir wollen uns damit beschäftigen, unsere Vorstellungskraft zu unserem Vorteil zu nutzen.

Vorstellungskraft ist Schöpferkraft. Die psychosomatische Medizin weiß, daß jede Krankheit eine seelische, physische und körperliche somatische Ursache hat. Ebenso wie eine strotzende Gesundheit aus einer körperlichen und seelischen Seite besteht. Sobald man einmal erkannt hat, welche Auswirkungen unsere Gedanken, Ansichten, Ängste, Vorstellungen, Gefühle auf unsere Körperwirklichkeit haben, begreifen wir, daß Gedanken nicht zollfrei sind. Daß es nicht egal ist, was und wie man denkt, daß Gedanken ebenso intensive und dynamische Kräfte sind, zwar unsichtbar, aber in ihrer Wirkung unübersehbar. Unsere Vorstellungen sind schöpferisch, Gedanken sind Kräfte.

Unsere Vorstellungen und Gefühle sind die Ursachen dessen, was äußerlich und körperlich erkennbar wird. Wenn also etwas an uns ist, das uns nicht gefällt, das Mißerfolge und Mißachtung bringt, dann ist es notwendig, andere Gedanken und Vorstellungen im Kopf zu produzieren, und schon wird sich aus einer veränderten Ursache eine veränderte Wirkung ergeben. Schlechte Gewohnheiten bekämpft man nicht, man ersetzt sie durch gute.

Eine Möglichkeit, Gewohnheiten zu verankern, bietet sich mit der konzentrierten Anwendung von Motivationscassetten. Diese können Ihnen helfen, neue positive Gewohnheiten im Unterbewußtsein zu speichern, damit Sie im täglichen Leben ganz von selbst, also von innen, positiv handeln und reagieren.

Wenn doch nur das scheinbar Einfache auch leicht wäre!

Vorurteile sind die größten Hindernisse!

Man muß also zunächst einmal einige alte Gewohnheiten loswerden.

*»Das geht nie?«*
*»Das glaube ich nicht!«*
*»Wie soll das funktionieren?«*
*»Davon hab' ich noch nie gehört!«*

Solche und ähnliche Zwangsjacken legen wir zunächst ab und schenken unserem Körper, dem wir ja sowieso auf Gedeih und Verderb ausgeliefert sind, jetzt einmal ganz bewußt Vertrauen und geduldige Aufmerksamkeit.

Vagus und Sympathikus sind die beiden Gegenpole unseres vegetativen Nervensystems.

Der Sympathikus ist verantwortlich für Aktion, Tätigkeit, Tun und der Vagus für das Gegenteil, also für Regeneration, Passivität, Entspannung, also Nichtstun.

*Nicht tun ist lassen.*
*Geschehen lassen.*
*In Ruhe beobachten, abwarten, Zeit haben.*

Aber gerade das scheint für uns westliche Menschen so schwierig zu sein, obwohl es sich so einfach anhört.

Wenn sich unser Körper im Zustand der Ruhe und Entspannung befindet, wenn keinerlei Muskeltätigkeit nötig ist, wenn wir also angenehm warm vor uns hindösen, dann regiert Vagus. Dann können wir mit unserem Unterbewußtsein sprechen und es anleiten. Wir leiten unser Unterbewußtsein an durch geistige Bilder, die von positiven Gefühlen begleitet werden.

Diese Vorstellungen sind also die Aufträge, die wir unserem Körper, unserem Unterbewußtsein geben.

Das Unterbewußtsein führt diese Aufträge aus, räumt Hindernisse fort.

Unsere Vorstellung zeigt dem Unterbewußtsein, welches Bedürfnis wir haben. Die Befriedigung dieses Bedürfnisses erledigt das Unterbewußtsein vollkommen selbsttätig, denn dafür ist es da.

Sich selbst erziehen!

Der russische Biologe Iwan P. Pawlow (1849 – 1936) bekam im Jahre 1904 den Nobelpreis für seine Modellversuche mit Hunden.

Pawlow fütterte regelmäßig seinen Schäferhund und stellte dabei fest, daß der Hund bereits beim Anblick des Futters Verdauungssäfte bildete.

Nun läutete der Forscher 28 Tage lang bei jeder Fütterung eine Glocke. Nach dieser Zeit bildete der Verdauungstrakt des Hundes bereits Fermente, wenn nur die Glocke ertönte, ohne Futter. Ein »bedingter Reflex« war entstanden.

Dieses System läßt sich auch auf den Menschen anwenden.

Bedingte Reflexe sind neue Gewohnheiten.

Sie brauchen durchschnittlich 28 Tage, um uns *»in Fleisch und Blut«* überzugehen, um also in unserem Unterbewußtsein eingebaut und einautomatisiert zu werden. In 28 Tagen beherrschen Sie dann das neue Programm. Es sitzt so fest in uns, daß wir es nicht mehr bewußt zu durchdenken brauchen, daß es eben unbewußt, automatisch, gewohnheitsmäßig abläuft. Wir können es *»vergessen«*.

Wir haben das Oberbewußtsein frei für andere Dinge.

Das ist das Wichtigste und das Wunderbare an unserem Unterbewußtsein:

Was ihm einmal anerzogen wurde, läuft ab wie am Schnürchen.

## *Worte haben hypnotische Kraft!*

In frühen Menschheitstagen gab es nur die Verknüpfung von Medizin mit Religion. Schon der große altpersische Reformator Zarathustra (599 – 522 v.Chr.) gab seinen Anhängern eine Fülle von Hygienevorschriften. Die Anwendung von Heilpflanzen und sogar Operationen waren damals schon bekannt. Drei Spezialgruppen von Heilern entwickelten sich bereits lange vor Christi im Orient.

Da waren die Kräuterärzte, Chirurgen und die Beschwörungspriester, welche die erfolgreichsten waren. Charakteristisch für fast alle frühen Hochkulturen war, daß der, *»der mit dem heiligen Wort heilt«*, der heiltüchtigste war. Heute würde man diese Ärzte als Hypnotiseure bezeichnen. Auch heute noch sind Hypnotiseure in der Lage, im Unterbewußtsein des Patienten durch ihre Worte Bilder zu »malen«, die das Gewünschte – meist also die Heilung – dort plastisch entstehen lassen.

Was hat sich geändert seit antiker Zeit?

Heute können wir lernen, unser Unterbewußtsein selbst zu beeinflussen durch die Möglichkeiten der Autosuggestion.

*Habe Geduld!*
*Alle Dinge sind schwer, bevor sie leicht werden.*

*Die Treppe!*

Die Technik: wunderbar einfach!

Die Wirkung: einfach wunderbar!

Der Vagusnerv ist die Brücke zum Seelischen. Alle äußeren Muskel- und Sinnestätigkeiten müssen ausgeschaltet werden.

Sorgen Sie für Ungestörtheit. Ihr Platz muß warm und angenehm sein. Wählen Sie, wenn Sie zu Hause üben, immer denselben Platz. Warum? Siehe Pawlow – bedingter Reflex. Die Gewohnheit kommt schneller, einfacher, tiefergehend.

Dann machen Sie es sich bitte ganz entspannt und schließen ganz zufrieden Ihre Augen. Sobald sich Ihre Augen schließen, öffnen sich die Augen Ihrer Seele. Und nun stellen Sie sich bitte eine wunderbare Treppe vor. Sicherlich haben Sie irgendwo auf dieser Welt einmal auf einer wunderbaren Treppe gestanden. Aber Sie sollten bei der Übung immer beim gleichen Bild, bei der gleichen Treppe, bleiben.

Diese wunderschöne Treppe gibt uns die Möglichkeit, ganz entspannt Stufe um Stufe, tiefer und tiefer, hinunterzugehen.

*Entspannen heißt vertrauensvolles Geschehenlassen!*

Beim Willenseinsatz tritt das Gegenteil ein: der Sympathikusnerv wird aktiviert, und der gesamte Organismus schaltet auf Tätigkeit. Man kann nicht entspannen *»wollen«*, man kann nicht schlafen *»wollen«*. Wille ist das Gegenteil von Lassen.

*Darum alles geschehen lassen.*
*Nur beobachten – nicht eingreifen!*

Der Körper folgt der Vorstellungskraft. Der Körper erreicht das, was der Geist bereits bewältigt hat.

Wir gehen also auf unserer Treppe Stufe um Stufe tiefer und tiefer. Dabei zählen wir rückwärts von 10 – 0.

Bei Null sind wir ganz entspannt.

Bei Null hat sich das Tor zum Unterbewußtsein sehr weit geöffnet.

*Rückkehr ins Paradies*

Bei Null ist man tief und völlig entspannt. So gelöst und frei, daß man seinen eigenen Körper nicht mehr fühlt.

Die Null ist ein vollendeter Kreis, Symbol der Harmonie, der Ausgeglichenheit, absolute Balance.

Die Null kann man sich auch vorstellen als ein Ei, und das Ei ist das Sinnbild des Lebens und des Werdens, der Anfang aller Dinge. Genauso sollte der Zustand sein, den Sie empfinden, wenn Sie bis Null zurückgezählt haben. Bei Null empfindet man absolute Geborgenheit und ein Wohlgefühl. Es ist ein embryonaler Zustand, also ein Zustand der Sicherheit und Geborgenheit, den wir empfanden, als wir noch ungeboren im Mutterleib lebten.

Dort war das Paradies, und in dieses Paradies können wir uns geistig durch die soeben beschriebene Technik der Tiefenentspannung erneut versetzen.

In diesem wunderbaren Zustand der Tiefenentspannung ist unser Unterbewußtsein voll aufnahmebereit, denn der Zustand der Entspannung ist ein Zustand gesteigerter Lerntätigkeit.

Wir stellen uns jetzt ganz plastisch und sehr genau vor, welchen Wunsch wir gern verwirklicht hätten, und wir begleiten diese Vorstellung mit dem Gefühl der Erleichterung, der Freude und des Glücklichseins, die wir auch empfinden würden, wenn unser Wunsch bereits nach außen gewirkt hätte, also Wirklichkeit geworden wäre.

Je intensiver unsere Gefühle und Empfindungen dabei sind, je genauer und präziser wir unsere Wünsche darstellen, um so ernster nimmt das Unterbewußtsein den Auftrag, desto früher ist es auch bereit, seine Arbeit nach unseren Wünschen auszurichten.

Da die Vorstellung mit Gefühlen begleitet ist, lassen Gefühle des Zweifelns und des Nicht-so-recht-wahrhaben-Wollens auch unsere Seele zweifeln. Sie glaubt nicht, daß wir uns den Auftrag wirklich wünschen, dementsprechend flau und faul ist auch die Auftragserledigung.

Man kann also sein Unterbewußtsein nicht betrügen. Es fühlt ja die Empfindungen, die die Dringlichkeit des Wunsches ausdrücken. Nur heiße Wünsche sind dringlich!

Diese Methode bringt Ihnen 23 Vorteile:

**Meine Vorteile bei der Anwendung des »Erfolgreichen Weges«**

Mehr Erfolg durch die Steigerung meiner Entschlußfähigkeit.

Die Steigerung meiner Leistungsfähigkeit.

Ich kann Menschen wirkungsvoll inspirieren.

Ich kann meine Überbelastungsnervosität schnell abbauen.

Streßbedingte Beschwerden klingen schneller aus.

Mein gesundheitliches Befinden steigert sich.

Ich kann meine Erholungspausen effektiver nutzen.

Ich kann meine Freiheit intensiver genießen.

Die Umschaltung von Spannung und Entspannung ist mir jederzeit möglich.

Ich kann mit Freude einschlafen.

Ich fühle mich nicht unterdrückt.

Ich kann mich frei entfalten.

Ich erlebe die Steigerung meines Selbstbewußtseins.

Ich spüre eine Steigerung meiner Nerven- und Willenskraft.

Ich kann mich selbst in Streßsituationen konzentrieren.

Ich werde in extremen Situationen einen klaren Kopf bewahren.

Ich kann mich auf meine Reaktionen verlassen.

Ich erlebe Mut und Optimismus in meinem Inneren.

Ich erkenne Probleme als das, was sie sind.

Ich entwickle ein vollkommenes Gedächtnis.

Mein Unterbewußtsein ist mein bester Mitarbeiter.

Meine persönliche Einstellung ist heiter und optimistisch.

Ich bin eine geachtete Persönlichkeit.

*Die Vergangenheit des Menschen bestimmt seine Zukunft.*

Wenn nun das Gedächtnis alle Sinnesempfindungen aufzeichnet, so sollten wir uns einmal überlegen, ob es nicht wenigstens zum Teil möglich ist, selbst zu bestimmen, also mitzubestimmen, was unsere Augen sehen und was unsere Ohren hören. Es ist richtig, daß es in dieser Welt sehr viele negative Erscheinungen gibt.

Aber, liebe Leser, wer zwingt uns dazu, nur auf das Negative zu achten, wer eigentlich zwingt uns, nur Negatives als Information in uns aufzunehmen?

Wir können und wollen uns dazu erziehen, ganz bewußt auf das Positive zu achten und positive Reize in uns aufzunehmen und auf uns wirken zu lassen. Wir können doch bestimmen, welche Bilder wir an unsere Wand hängen, wie wir unsere Wohnung einrichten, wie wir uns kleiden, wir können bestimmen, welche Schallplatten, Fernsehfilme, Hörspiele und Filme wir uns vorspielen lassen, denn all das formt und prägt uns.

Wie gern möchten wir andere erziehen.

Den Wellensittich, den Hund, unseren Partner, unseren Chef, nur uns selbst erziehen – an diesen Gedanken können sich nur wenig Menschen gewöhnen. Aber ist es nicht wunderbar, sein Leben, sein Schicksal, seine Zukunft selbst in die Hand zu nehmen? Sich nachzuerziehen, sich selbst zu erziehen, seine eigene Persönlichkeit zu entfalten.

*»Jeder hat das Recht auf die freie Entfaltung seiner Persönlichkeit.«*

Wie stolz sind wir auf diesen Artikel unseres Grundgesetzes. Wir haben also eine großartige Chance, mit dem, was wir heute denken und empfinden, was wir also bewußt und unbewußt in uns aufnehmen, den ersten Schritt in eine neue, in eine glücklichere Zukunft zu tun.

Die Autosuggestion ist die Kunst der Selbsterziehung. Sie ist die Kunst, sein eigenes Unterbewußtsein richtig zu behandeln, und zwar so, daß es automatisch Höchstleistungen vollbringt.

Diese Erkenntnisse von der Bedeutung der Vergangenheit für die Zukunft hat auch der amerikanische Wissenschaftler Chambell hervorgehoben, wenn er behauptet:

*»Wenn wir genau wüßten, welches Muster von bevorzugten Bahnen in einem Menschen vorhanden ist, könnten wir exakt vorhersagen, wie er in einer beliebigen, genau definierten Bedingungskonstellation denken und sich verhalten würde und umgekehrt, wenn wir in uns selbst oder in anderen Menschen bestimmte bevorzugte Bahnen anlegen, dann verhalten wir uns bzw. sie sich diesen Bahnen entsprechend.«*

Um das zu werden, was wir heute sind, dazu haben wir 20, 30, 50, 60 Jahre gebraucht. Um uns zu ändern, können wir nicht noch einmal diese Zeitspanne einräumen. Wir brauchen schnellere Erfolge, sonst glauben wir nicht an die Wirksamkeit einer Methode. Auch werden wir sonst unseren guten Vorsätzen untreu.

Mit der suggestiven Programmierung unseres Unterbewußtseins haben wir einen idealen Weg, schnell und sicher zum gewünschten Erfolg zu kommen.

Es ist die Praxis des mentalen Trainings.

Um zu praktizieren, nehmen wir am besten einen Cassettenrecorder, wenn möglich mit einer lautlosen Endabschaltung. Noch wirksamer ist das Abhören der Cassette mit einem Kopfhörer. Nehmen Sie sich zunächst für das mentale Training mindestens ein- oder zweimal am Tage 20 Minuten Zeit.

Investieren Sie das Wertvollste, Ihre Zeit, in sich selbst.

Dann nehmen Sie eine Suggestivcassette nach Ihrer Wahl.

Sie haben nun zwei Möglichkeiten:

1. Da Sie sich durch die Cassette tief entspannen, können Sie am Abend beim Hören in einen tiefen, erholsamen Schlaf fallen und während des Schlafes werden alle Suggestionen tief in Ihrem Unterbewußtsein gespeichert. Sie können diese wertvollen positiven Informationen in den Traumphasen anschließend verarbeiten und stehen am nächsten Tag körperlich und seelisch regeneriert auf.
2. Sollten Sie das mentale Training am Tage durchführen, so ist es unbedingt notwendig, die sehr tiefe Entspannung bewußt zurückzunehmen. Sie atmen nach der Übung tief aus, dann tief ein, halten die Luft kurz an, spannen alle Muskeln, dehnen und strecken sich und machen das gleiche sofort ein zweites Mal. Dann sind Sie reaktionstüchtig, frisch und munter, voller Kraft und Energie.

Vielleicht haben Sie schon einmal davon gehört, daß die alten ägyptischen Priester vor mehr als 6000 Jahren im Tempelschlaf die gleiche Methode schon erfolgreich praktizierten. Die alten Griechen, die griechischen Ärzte, haben von ihnen diese Methode übernommen. Wir wissen heute aufgrund genauer Untersuchung, wie positiv sich diese Methode auf das Schicksal eines Menschen auswirken kann.

Da jeder Mensch über ungeahnte Reserven verfügt, ist es möglich, mit dem mentalen Training nicht nur seine Gesundheitsreserven, nicht nur seine Begabungsreserven, sondern auch seine künstlerischen Reserven zu aktivieren.

*»An seine Grenze stößt nur der, der an seine Grenze glaubt.«*

Wir sollten lernen, ständig mit dieser wunderbaren Methode unsere persönlichen Grenzen zu erweitern.

Darum zum Abschluß ein motivierendes Beispiel:

Der weltberühmte russische Komponist Sergej Rachmaninow (1873 – 1943) wurde im Jahre 1899 nach England eingeladen. Im Zustand schwerer Depression trat er seine Reise an. Er hatte versprochen, für die Philharmonie in London ein Klavierkonzert zu schreiben. Aber er machte eine schöpferische Pause durch, starrte stundenlang melancholisch auf sein Klavier – aber keine Ideen stiegen in ihm auf. Er verfiel fortschreitender Lethargie, die seine Freunde stark beunruhigte. Durch Zufall erfuhr man von einem Londoner Hypnosearzt. Im Frühjahr 1900 besuchte Rachmaninow diesen Hypnotiseur und ließ sich von ihm entspannen und hypnotisieren. Anschließend suggerierte ihm der Arzt:

*»Sie werden mit dem Komponieren Ihres Konzertes beginnen. Die Arbeit wird Ihnen sehr leicht fallen. Das Werk wird exzellent sein. Gehen Sie nach Hause und denken Sie darüber nach.«*

Diese neuen Gedanken wurden seinem Unterbewußtsein eingepflanzt. Rachmaninow empfing die neue Programmierung und schrieb sein unsterbliches Klavierkonzert *»Nr. 2 in C-Moll«*. Es ist in die Musikgeschichte eingegangen.

Lieber Leser, es war mein Wunsch, Ihnen deutlich zu machen, daß Ihr Unterbewußtsein Ihr bester Mitarbeiter ist. Es ist Ihr Mitarbeiter, der Ihnen hilft, eine glückliche, eine gesunde, eine erfolgreiche Zukunft zu gestalten. Handeln Sie in Zukunft entsprechend.

**Wer heute einen Gedanken sät, erntet morgen die Tat, übermorgen die Gewohnheit, danach den Charakter und endlich sein Schicksal.**

## »Auch der Mißerfolg ist ein Erfolg.«

Als ich vor Jahren dieses Zitat las, verstand ich erst gar nicht, was dieses japanische Sprichwort an Erkenntnis enthält.

Der Erfolg ist er-folgt.

Der Erfolg ist also stets das Resultat einer Kette von Handlungen. Der Mißerfolg ist also ein »negativer Erfolg«, ein Fehlschlag. In allen Erfolgsbüchern finden Sie viele Kapitel über den Erfolg und seine Ursachen, selten aber über den Mißerfolg.

Haben Sie sich schon einmal gefragt, warum der Mißerfolg in diesen Büchern unterschlagen wird?

Eine positive Lebenseinstellung verlangt nicht, die Realität zu verschönern, das Negative zu übersehen oder, noch schlimmer, es zu verdrängen. Im Gegenteil: Wenn es das Positive gibt, dann gibt es umgekehrt auch das Negative.

Wenn es das Negative nicht gäbe, dann brauchten wir uns nicht auf das Positive zu konzentrieren, und so bliebe alles beim alten, und es gäbe keinen Fortschritt und keine Evolution.

Was für das Leben im allgemeinen gilt, gilt selbstverständlich auch für den einzelnen Menschen. Menschliche Stärken bedingen zwangsläufig auch menschliche Schwächen. Positiv sein heißt hier natürlich auch nicht, Fehler und Schwächen zu vertuschen oder zu verdrängen. Wie groß muß die Angst mancher Menschen sein, wenn sie den größten Teil Ihrer Kraft und ihrer Zeit darauf verwenden, ihre Schwächen, ihre Fehler, ihre Mißerfolge zu retuschieren.

Wer keine Fehler zugeben kann, wer immer um Anerkennung kämpft, wer innerlich immer von der Angst getrieben wird, »was denken bloß die anderen von mir?«, wird bald am Ende seiner Kraftreserven sein.

Das krampfhafte Bemühen, die eigene Fassade ständig zu pflegen, um anderen eine Vollkommenheit vorzutäuschen, muß früher oder später zum Fiasko führen. Positiv sein muß hier heißen, die Fähigkeit zu entwickeln, das Negative zu erkennen – und zu verwandeln. Es heißt, aus der Not eine Tugend zu machen.

Der Wunsch nach Vollkommenheit läßt viele Menschen falschen Heilversprechungen hinterherlaufen. Gierig greifen sie nach allen Angeboten, die ihnen versprechen, vollkommen zu werden, die mit der satanischen Versuchung locken: »Ihr werdet sein wie Gott, nicht abhängig, sondern autonom über dem Leben stehen und eigene Gesetze aufstellen.« Diesen Propheten zu folgen ist immer der falsche Weg!

Menschen, die von Minderwertigkeitskomplexen geplagt sind, klammern sich allzugerne an das Bild der Unfehlbarkeit in allem und jedem.

Solch ein Mensch will Herrscher sein, ohne Rücksicht nehmen zu müssen, denn er erwartet, daß alle auf ihn Rücksicht nehmen. Er will mehr sein, will unbegrenzt und allmächtig sein.

»Der Mensch«, so formulierte Goethe, »ist ein Werdender – alle möchten etwas sein, aber keiner möchte etwas werden.«

Die Welt mit ihren Chancen und Möglichkeiten ist uns anvertraut. Das ist unser Wirkungsfeld, und daher ist es eine wunderbare Aufgabe, Probleme zu erkennen als das, was sie sind, und zu versuchen, sie auch zum Vorteil anderer zu lösen.

Wir alle streben mit unseren Erfolgen natürlich das Äußerste an, um das Mögliche zu erreichen. Wir wissen aber, daß es das Vollkommene oder das Absolute hier auf Erden nicht gibt. Es geht also um alles oder nichts. Nach dem Gesetz der größten Zahl sollte das Verhältnis 10 : 4 : 6 sein, also auf zehn Initiativen gibt es vier Mißerfolge. Wir kommen aber nur zu den sechs Erfolgen, wenn wir auch bereit sind, vier Mißerfolge einzustecken.

Da es nichts Vollkommenes gibt, wissen wir, daß auch der Erfolgreichste Mißerfolge hat; und darum können auch wir uns Mißerfolge erlauben, ohne neurotisch zu werden, denn unser Ziel ist es nicht, ein »Erfolgsneurotiker« zu werden. Sie und auch Ihre Mitmenschen leben viel gelassener, wenn Sie eine positive Einstellung zum Mißerfolg haben. Epikur, der griechische Lebenslehrer, forderte, daß ein System der Lebensfreude im Einklang stehen müsse mit den Naturgesetzen. Wenn Sie Biographien wirklich großer Menschen gelesen haben, dann wissen Sie, wie viele Widerstände und wie viele Mißerfolge sie überwinden mußten, oft standen sie kurz vor dem Scheitern. Was sie aber überleben und erfolgreich werden ließ, war vor allem der Glaube und die Liebe zu ihren Zielen.

Ich denke, es gibt keinen Grund, weshalb es in unserem Leben anders aussehen könnte.

Diese Angst vor Fehlern, Schwächen und Mißerfolgen kann zu Überheblichkeit, zum Unfehlbarkeitswunsch und zu Arroganz oder zu einer negativen Grundeinstellung führen. Diese Einstellung wirkt sich dann lähmend aus, wie es in folgendem Zitat heißt: »Nimm' dir nichts vor, dann schlägt dir nichts fehl.«

Die Überheblichkeit führt hier zwangsläufig zu Kontaktarmut, im schlimmsten Fall zur Isolation.

Eine negative Grundeinstellung dagegen führt dazu, daß sich der Mensch entweder treiben läßt oder von anderen und vom Trend gesteuert wird.

Dieses Kapitel soll Ihnen helfen, diese Angst vor dem Versagen und vor dem Mißerfolg, die zu den beschriebenen unangenehmen Folgen führen kann, zu verlieren.

Es soll Ihnen helfen, freier zu werden und sicherer in die Zukunft zu gehen.

Was wir dabei brauchen, ist ein starkes Selbstbewußtsein. Ein in sich selbst begründetes Selbstbewußtsein, so daß wir die Kraft besitzen, die Wahrheit zu ertragen. Der Mensch ist nicht vollkommen, er wird auch nie vollkommen werden. Der Mensch kann sich weiter- oder höherentwickeln, er kann besser werden, er kann viel erreichen und große Siege erreichen. Aber unfehlbar oder gottgleich wird er trotzdem nicht.

Da der Mensch also nicht in allem und jedem immer absoluten Erfolg haben kann, müssen wir lernen, wie wir auf Mißerfolge reagieren sollten. Wir sollten nach dem Möglichen, aber nicht nach dem Unmöglichen, Unmenschlichen streben.

**Der Mißerfolg selbst ist nie eine Schande, wohl aber die Angst vor dem Mißerfolg.**

Ein mit Selbstbewußtsein getragener Mißerfolg kann auch ein Sieg sein! Vielleicht leben Sie schon nach der Maxime: »Hinfallen ist keine Schande, nur Liegenbleiben ist verachtenswert.«

Wenn wir positiv auf den Mißerfolg reagieren, dann wissen wir, »das Glück ist unsere Mutter, das Mißgeschick ist unser Erzieher«.

Der Mißerfolg ist ein Prüfstein, er kann uns prüfen, ob wir wirklich etwas wollen und wie stark wir etwas wollen.

Wer sich durch einen Mißerfolg verunsichern läßt, der gibt zu, daß er seine Ziele nicht liebt.

Der Mißerfolg stärkt unseren Willen, diszipliniert unseren Charakter und macht uns fähiger.

Schwache Menschen zerbrechen am Mißerfolg, Starke wachsen durch ihn.

Unser Selbstbewußtsein muß also stark sein, daß wir uns die Fähigkeit erhalten, dem Erfolg entgegen zu wachsen.

Wenn wir über den Sinn des Lebens nachdenken, wenn wir das Leben von einer höheren Warte aus betrachten, erkennen wir überall die gleichen Gesetze.

Was für den Menschen gilt, gilt auch für die Pflanzen und die Tiere. Alle Lebewesen müssen wieder oder ständig Widerstände und Schwierigkeiten überwinden.

Saint-Exupéry drückt es in seinem »Kleinen Prinzen« wie folgt aus«: »Eine Rose, die keine Raupe ertragen kann, wird die Sonne nie sehen.«

Warum aber ist es so schwer, sich selbst so anzunehmen, wie man ist? Kennen Sie die Antwort auf diese schwierige Frage?

Wie reagieren Sie auf Kritik?

Können Sie Kritik ertragen?

Vielleicht sind Sie selbstbewußt genug und schauen in den Spiegel der Selbsterkenntnis.

Nehmen Sie sich doch bitte – am besten jetzt gleich – die Zeit und schreiben Sie Ihre fünf größten Fehler auf – also nicht nur darüber nachdenken, sondern haben Sie den Mut, daß Sie durch Ihr Aufschreiben sich jetzt auch zu sich selbst bekennen und nicht davonlaufen.

Um innerlich noch stärker und belastbarer zu werden, empfehle ich Ihnen gleich eine weitere Trainingsaufgabe. Schreiben Sie in einer stillen Stunde Ihre größten Fehlschläge und Ihre größten Niederlagen auf. Durch das Aufschreiben wird Ihnen wieder bewußt, was Sie zu den letzten Jahren lernen konnten und wie stark Sie gewachsen sind.

Eine weitere ganz wichtige Frage dürfen wir in diesem Kapitel nicht unterschlagen: Bin ich darauf vorbereitet, mit Mißerfolgen fertig zu werden?

Der reife Mensch ist darauf vorbereitet, er weiß, es geht trotzdem weiter. Er wird auch nicht durch einen Mißerfolg seelisch zerstört.

Wir müssen begreifen, daß der Mißerfolg keinen Endpunkt darstellt, sondern eine *Zwischenstation*. Wenn wir dieses akzeptieren, können wir aus Niederlagen trotzdem Siege machen. Spitzensportler beweisen uns, daß man an Mißerfolgen wachsen kann und daß Ausdauer zu unseren Stärken gehört.

Wer den Mut zu Fehlern nicht hat, wird selten ein Könner.

Wer kein Risiko eingehen will, kann nicht zum Sieger werden. Die Geschichte beweist, daß Menschen, die zu ihren Mißerfolgen standen, geachtet und bewundert wurden.

Das Leben ist ein Weg, und dieser sollte ein Ziel haben. Ihr Ziel sollten Sie aus ganzem Herzen lieben können.

Erhalten Sie sich die Fähigkeit, Ihre eigenen Ziele, Ihre Zukunft zu lieben, auf diese Weise sind Sie durch Mißerfolge nicht zu verunsichern.

Das 11. Denkgesetz heißt: »Beachtung bringt Verstärkung.« Darum lenken Sie Ihre Aufmerksamkeit immer wieder auf Ihre wichtigsten und wertvollsten Ziele. Die Meditationscassette mit dem Titel *»Ich kann, was ich will«*, wird Ihnen dabei eine wertvolle Hilfe sein.

Wer sich ständig nur auf seine Erfolge konzentriert, den wird jeder Mißerfolg hart treffen. Durch diese falsche Einstellung verbraucht der Mensch einen Großteil seiner Kraft sinnlos, und er schwächt sich dadurch selbst.

Wer sich jedoch auf seine Ziele konzentriert, denkt an seine Zukunft, er lebt schon im Morgen, und er freut sich auf das, was sein wird.

Er lebt aus der Überzeugung: »Ich habe ein Recht auf Erfolg, denn ich verursache ihn.«

Wer gelernt hat, auf Mißerfolge positiv zu reagieren, wird eine wunderbare Wandlung erleben, denn aus Schwächen werden Stärken. Die nachfolgende Meditationsgeschichte kann Ihre Einstellung positiv verändern. Lesen Sie darum diesen Absatz besonders langsam und mit den Augen Ihres Herzens.

*Es waren einmal zwei Mönche, die den Weg zum Glück suchten. In einem alten Buch, das sie miteinander lasen, fanden sie die Erkenntnis:*

*Am Ende der Welt gibt es einen Ort, an dem der Himmel und die Erde sich berühren, dort wohnt das Glück. Sie beschlossen, diesen Ort zu suchen und nicht umzukehren, ehe sie ihn gefunden hätten. Sie durchwanderten die Welt, bestanden unzählige Gefahren, erlitten alle Entbehrungen, die eine Wanderung durch die ganze Welt fordert, und alle Versuchungen, die einen Menschen von seinem Ziel abbringen können. – Eine Tür sei dort, so hätten sie gelesen, man brauche nur anzuklopfen und befinde sich im Glück.*

*Schließlich fanden sie, was sie suchten. Sie klopften an die Tür, bebenden Herzens sahen sie, wie sie sich öffnete, und als sie eintraten, standen sie zu Hause in ihrer Klosterzelle.*

*Da begriffen sie, der Ort, an dem Himmel und Erde sich berühren, befindet sich auf dieser Erde, an der Stelle, die Gott einem zugewiesen hat.*

Haben Sie den Mut, die Chancen am Ende des 20. Jahrhunderts zu akzeptieren und zu nutzen?

Trainieren Sie Ihren Willen, er macht Sie überlegen.

Im Jahre 1969 schickten die Amerikaner zum erstenmal eine bemannte Rakete zum Mond. Es waren atemberaubende Sekunden in der Geschichte der Menschheit, als die Rakete in den Mondschatten eintrat und die Funkverbindungen abbrachen.

Würde alles so verlaufen, wie man es von der Erde aus vorausberechnet hatte?

Als die Rakete Stunden später aus der Funkstille auftauchte, funkte der Astronaut Lovell zur Erde: »Wir sehen die Erde von hier als eine Oase in der unendlichen Weite des Weltalls.«

Sie alle kennen die Bilder unserer Erde, des »blauen Planeten«. Wir alle wissen, das unsere Erde kein Paradies ist, doch vielleicht ist es möglich, wenn jeder auf seinem Platze das Beste gibt, daß eines Tages aus dieser Welt eine bessere Welt wird. Der Mensch ist noch nicht am Ende seiner Entwicklung angelangt, große Reserven warten auf ihre Erschließung.

»Herausgefordert durch die Probleme unserer Zeit«, so sagt Robert Jungk, »beginnt erst jetzt der Mensch, sich voll zu entfalten.« Wir sind ein Teil des Ganzen und damit auch ein Teil der Evolution. Wir können mit unseren Erfolgen zur Lösung der Probleme beitragen.

## Pessimismus!

Damit wir eine gemeinsame Diskussionsgrundlage haben, habe ich zwei Lexika befragt.

1. *Pessimismus:* Jene Weltbewertung und Leistungseinstellung, derzufolge das Dasein sinn- und wertlos ist bzw. der Glaube an einen Fortschritt auf einer ungerechtfertigten Illusion beruht. Im Gegensatz zum Optimismus wirkt die pessimistische Einstellung auf den Fortschritt hemmend. Fortschrittspessimistisch eingestellt sind Rousseau, Spengler, Lessing und Schultz. Auch der Buddhismus und Schopenhauer. (Das große Fischer-Lexikon, Band 14, Frankfurt).

2. *Pessimismus* (lat. pessimum, das Schlechteste): Die Weltanschauung, die die Dinge von ihrer negativen Seite betrachtet. In diesem Sinn ist der Pessimismus Bestandteil vieler Religionen sowie der Philosophie Schopenhauers. Pessimismus, auch der Zustand der Hoffnungslosigkeit aufgrund einer depressiven Verstimmung. (Rainer Hegenbart: Wörterbuch der Philosophie, München).

Ganze Bibliotheken könnte man mit pessimistischen Aussagen und Prophezeiungen füllen und ebensoviele mit wissenschaftlichen Gutachten, die beweisen, was alles unmöglich ist.

Vielleicht gelingt es mir, Ihnen deutlich zu machen: Was auf den Menschen als Individuum zutrifft, gilt auch für große Gemeinschaften und Völker. Da die Gestaltung des ganzen Lebens vom Denken ausgeht, ist es nicht gleichgültig, wie unser Gehirn denkt. Sie erkennen, wie wichtig die Weltanschauung, die Grundüberzeugung, der Glaube des Menschen sind. Und viele Millionen Menschen haben das Gift des Pessimismus in sich aufgesaugt.

Nur einige Schlagzeilen der letzten Jahre, die sich seitenweise verlängern ließen: »Das Selbstmordprogramm« – »Ein Planet wird unbewohnbar. – Ein Planet wird geplündert: Ende ohne Wende.« »Nach uns die Steinzeit.« Sicher ist der eine oder andere Aspekt bewußt herausfordernd formuliert, trotzdem richtet dieser einseitige Pessimismus sozialpsychologische Schäden an. In der Geschichte der Menschheit hat es immer Weltuntergangsstimmungen und Annahmen gegeben, das Ende der Welt sei nahe. Doch was lehrt uns die Geschichte? Kaum hat der Mensch eine Katastrophe gemeistert, wird die nächste propagiert. Und da die negative Kreativität groß ist, ist die Zahl der ausdenkbaren Katastrophen unbegrenzt.

Aus der Geschichte erkennen wir aber, daß die meisten Prognosen falsch waren. Doch nie hat ein Prophet jemals die Verantwortung für die üblen Folgen falscher Prognosen übernommen. Leider erkennen zu viele Verantwortliche nicht, daß der Pessimismus die Kraft zerstört, und Psychiater geben zu erkennen: Wer alle denkbaren Gefahren ernst nimmt, der muß verrückt werden.

Woher nehmen so viele Menschen die Überzeugung, daß es gerade heute und erst jetzt Probleme und Gefahren gibt? Jeder aufgeklärte Mensch weiß: Einst waren es die Gefahren des Jägers, des Bauern, des Soldaten. Jetzt sind es die Gefahren der Produktion, des Verkehrs, des Haushalts, der Überbevölkerung, der Atomkraft.

In unserer Zeit hat sich aber nicht nur die Art der Gefahren verändert, sondern – und das ist wichtig – auch das menschliche Selbstverständnis. Einst lebte der Mensch im Glauben an einen gütigen Gott, der ihm in dieser gefährlichen Welt immer wieder hilft. Jetzt lebt er vielfach ohne einen solchen Glauben – er lebt mit dem Anspruch auf absolute Sicherheit und Besitzgarantie. Die Einsicht, daß man einmal sterben muß, erscheint häufig nicht mehr ganz zeitgemäß. Sie paßt nicht zu den Illusionen des Zeitgeistes, alles versichern zu können. Man verdrängt das Risiko des Lebens. Die Einsicht, in einer Welt voller Gefahren zu leben, müßte einen nachdenklichen Menschen zur Besinnung und zur aktiven positiven Gestaltung aufrufen. Eine der negativsten Massensuggestionen der letzten Jahre veröffentlichte der »Club of Rome« mit *Die Grenzen des Wachstums*, verfaßt von Meadows. Allein der Titel suggerierte Millionen von Menschen, wir sind am Ende, es gibt keinen Ausweg, es gibt keine Lösung mehr. Heute, schon wenige Jahre später, wird der Inhalt nicht mehr ernsthaft diskutiert. Geblieben aber ist eine gewisse Unsicherheit bei vielen Menschen. Der bekannte Autor Simon hält solche Katastrophenberichte für eine üble Umweltverschmutzung und vergleicht sie mit einem vielarmigen Drachen: Wenn man ihm einen Arm abschlägt, kommt schon der nächste.

Hermann Kahn schrieb in seinem Buch »Die Zukunft der Deutschen«, Deutschlands Zukunftsgefahr Nummer eins ist mit Sicherheit der übertriebene Pessimismus. Er spricht hier überzeugend von der sich selbst erfüllenden Prophezeiung und weist auf eine Fülle von negativen Beispielen in der Vergangenheit hin.

Oswald Spengler verfaßte sein tiefsinniges Buch mit dem Titel »Der Untergang des Abendlandes«. Es ist wunderbar, erleben zu dürfen, daß viele verantwortungsbewußte Persönlichkeiten sich nicht haben entmutigen lassen. *Sie* konnten noch glauben und waren voller Schaffensfreude. *Wir* erleben in unseren Tagen das Zusammenwachsen Europas.

Arm sind Menschen, die nicht mehr glauben können oder ihren Glauben verloren haben – den Glauben an einen Schöpfer, den Glauben an den Menschen, den Glauben an den Sinn des Lebens, den Glauben an die Zukunft.

Noch nie hat sich die Welt so rasant verändert, noch nie wurden so viele Erfindungen gemacht und Patente angemeldet. Unsere Zeit ist keine Zeit für Zögerer und Zauderer. Es ist eine Zeit für Menschen mit einem positiven Gestaltungswillen.

Doch was erleben wir in unseren Medien, im Fernsehen, in der Presse? Wir erleben jede Woche die Olympiade der Pessimisten. Vielleicht wird der eine oder der andere Leser sagen, es kann doch nicht die Aufgabe der Medien sein, die Welt mit ihren Fehlern zu schönen. Das ist richtig! Doch es könnte auch die Aufgabe der Presse sein, Menschen zu motivieren, die großen Aufgaben und Herausforderungen anzunehmen.

Wahrscheinlich glauben die Herren der öffentlichen Meinung dem Irrtum, daß negative Meldungen motivieren könnten. Dieser pädagogische Irrtum macht Angst, lähmt und blockiert.

Einmal im Jahr startet der »Stern« die Aktion »Jugend forscht«. Eine wirklich großartige Aktion, die beweist wie fähig und kreativ junge Menschen sein können. Ein Funke Hoffnung, nur leider kann dieser einmalige Funke nicht 51 Wochen Pessimismus ausgleichen.

Wir alle, jeder Mensch, jedes Volk, jedes Unternehmen steht immer wieder zwischen Optimismus und Pessimismus. Zwischen gestern und morgen, zwischen Hoffnung und Angst. So ist es immer gewesen, und solange die Welt sich bewegt, wird sich das nicht ändern.

In der Psychologie gibt es die unterschiedlichsten Richtungen. Sigmund Freud war es, der den Glauben an Gott aus der Psychologie verbannte. C. G. Jung erkannte die Bedeutung des kollektiven Unterbewußtseins. Den größten Beitrag zur Bewältigung des Lebens aber verdanken wir Viktor E. Frankl.

Viktor E. Frankl, ein in Wien geborener Jude, entwickelte seine Psychologie im Konzentrationslager im Angesicht der Gaskammern. Kann man sich, meine lieben Leser, eine schwierigere Lebenssituation überhaupt vorstellen? In seinem Buch »Trotzdem ja zum Leben – Ein Psychologe erlebt das Konzentrationslager« schildert er die grausamen seelischen Qualen, die Menschen erdulden mußten. Aus eigenem und dem Erlebnis anderer Häftlinge entwickelte er seine wunderbare Psychologie, auch in schwierigen Situationen trotzdem »ja« zum Leben zu sagen. Das gelingt nicht jedem. Hier nun liegt die tiefere Bedeutung der Philosophie des »Erfolgreichen Weges«: dem Menschen durch Training Mut zu machen; nicht nur sich in sonnigen Zeiten zu behaupten, sondern nach dem Sinn seiner Existenz zu forschen und die Kraft zu entwickeln, den Sinn zu verwirklichen.

Viktor E. Frankl hat in seinen 36 Büchern seiner Philosophie der Hoffnung Ausdruck verliehen. Schon die Titel formulieren seine Einstellung nachdrücklich: »Pathologie des Zeitgeistes«, »Zeit und Verantwortung«, »Trotzdem ja zum Leben sagen«, »Das Menschenbild in der Seelenheilkunde«, »Die Psychotherapie im Alltag«, »Der Mensch auf der Suche nach dem Sinn«.

Es war für mich ein tiefgreifendes Erlebnis, diesen Mann, der Unendliches erlitten hatte, als strahlenden Optimisten zu erleben. Und Sie wissen sicher: Bücher lesen ist eine gute Sache, aber die dahinterstehende Persönlichkeit zu erfahren, ist eine ganz andere. Frankls Philosophie, trotzdem ja zu sagen, ist um so glaubwürdiger, als sie durch eigenes Leid in ihm gewachsen war. Viele unserer modernen Pessimisten wissen gar nicht, wie gut es ihnen geht! Sie haben in den letzten vierzig Jahren nur gute Zeiten erlebt.

Die Erkenntnisse Viktor E. Frankls haben unser Seminar »Der erfolgreiche Weg« bereichert. Wie wir geht Viktor E. Frankl der Frage nach: »Was ist der Mensch?« Er stellt sich und uns die Frage: »Ist es wirklich so, daß der Mensch nichts weiter ist als ein Produkt vielfacher Bestimmtheiten und Bedingtheiten?« – Sei dies nun biologisch gemeint oder psychologisch oder soziologisch. Ist der Mensch also wirklich nicht mehr als das zufällige Resultat seiner leiblichen Konstitutionen, seiner charakterologischen Dispositionen und seiner gesellschaftlichen Situation? Kann sich der Mensch den Einflüssen, denen er unterliegt, entziehen?

Es ist entscheidend, wie der Mensch mit seinem Leben, mit seiner Verantwortung umgeht. Ob er mutig und tapfer strebt und versucht, aus allem das Beste zu machen, unsere Einstellung, unsere Grundüberzeugung spielen die bedeutende Rolle!

*Was erwarte ich vom Leben, und was erwartet das Leben,*
*die Welt von mir?*
*Bin ich bereit, meinen Beitrag zu leisten?*

Ich bin der Überzeugung, daß ein Mensch, der seine Talente und Fähigkeiten nicht entfaltet und nutzt, in hohem Maße unsozial lebt. Gern wiederhole ich deshalb: Entscheidend für unser Verhalten ist unsere Grundeinstellung.

Es ist bedauerlich, daß eine psychologische Erkenntnis in der modernen Medizin keine Berücksichtigung gefunden hat. Vor vielen Jahren hat Professor Bahle eine Gruppe von vierzig Menschen in Hypnose versetzt und ihnen dann suggeriert, sie seien gescheitert, sie seien am Ende. Nach diesen hypnotischen Suggestionen hat er sie vierzehn Tage lang klinisch beobachten lassen und mußte feststellen, daß diese Gruppe alle Zivilisationskrankheiten produzierte. Anschließend hat Professor Bahle die gleiche Gruppe wieder in Hypnose versetzt, ihnen aber jetzt suggeriert, sie hätten nicht nur große Ziele, sondern sie besäßen auch die Fähigkeiten und die Voraussetzungen, diese Ziele zu erreichen. Und das scheinbare Wunder geschah! Von einer Stunde zur anderen blühte die ganze Gruppe auf, und alle psychosomatischen Krankheitsbilder, die sich vorher gezeigt hatten, verschwanden.

Vielleicht erkennen Sie, wie wichtig diese Beobachtungen auch für unser Leben, für unsere Zukunft sein können. Wenn alles im Leben einen Sinn hat, so muß auch der Pessimist einen Sinn haben: Er sollte uns aktivieren, das Streben nach dem Positiven zu verstärken. Pessimismus wird zur Gefahr, wenn als Reaktion darauf eine körperliche und seelische Stagnation eintritt. Wichtig für jeden positiven Menschen ist daher: In unserem Leben wird es immer wieder zu Mißerfolgen kommen, wird es immer wieder einmal Enttäuschungen geben. Entscheidend ist, daß aus der Enttäuschung keine Entmutigung wird. Sie erkennen: Nicht die Enttäuschung, die Entmutigung ist das Gefährliche.

In diesem Zusammenhang sehen Sie sicher jetzt auch unsere Übungen in anderem Licht. Alle Übungen haben das Ziel, Ihren Mut, Ihr Selbstbewußtsein zu kräftigen, damit der Pessimismus in Ihrem Leben keine Chance hat. Meditieren Sie doch einmal schriftlich über die drei Fragen:

- Welche bitteren Erfahrungen mußte ich schon im Leben machen?
- Was konnte ich, was sollte ich aus diesen Erfahrungen lernen?
- Woran glaube ich?

Am Beispiel des Selbstmörders lassen sich die Gefahren einer negativen Einstellung am eindringlichsten darstellen. Der Selbstmörder hat den Glauben an seine Chancen, den Glauben an seine Zukunft verloren, daher hat er resigniert.

Auf dem Weg in die Zukunft sollten uns zwei Geschwister begleiten: die Hoffnung und die Zuversicht. Nur wer an die Zukunft glaubt, hat die Kraft für die Gegenwart. Der Glaube gibt uns die Kraft, mit den täglichen Schwierigkeiten fertig zu werden und über sich selbst hinauszuwachsen.

Ein Mensch, der seine Aufgabe kennt und daran arbeitet, für den ist die persönliche Zukunft nicht unberechenbar. Ganz im Gegenteil, er trägt seine Zukunft ganz in sich. Er kennt den Satz der Möwe Jonathan: »Man muß schon da sein, bevor man angekommen ist.«

*Nikolaus B. Enkelmann im Gespräch mit Viktor E. Frankl: »Sinn läßt sich finden – sogar im Leiden und sogar durch das Leiden hindurch.« Die Logotherapie Viktor E. Frankls ist eine sinnorientierte Psychotherapie, die in der Sinnerfüllung den Lebenszweck jedes einzelnen und den Weg zu einer Zukunft für alle sieht.*

# Optimismus – notwendiger denn je

Neulich hatte ich einen »Aha«-Effekt, einen negativen »Aha«-Effekt. Um dieser Erfahrung gründlicher nachzugehen, schaute ich ins Lexikon der Psychologie. Ich wollte herausfinden, was man unter Optimismus versteht. Bitte lachen Sie jetzt nicht: Das Wort Optimismus fehlte. In einem Lexikon der Psychologie fehlte die Begriffserklärung von Optimismus. Da ich ein positiver Mensch bin, gehe ich davon aus, daß der Begriff Optimismus in den Gehirnen vieler Psychologen noch vorhanden ist.

Im Fischer-Lexikon finden wir die Definition: »Optimismus – Lebensauffassung, die die Welt und das eigene Schicksal zuversichtlich beurteilt und in allen Lagen auf eine guten Ausgang hofft. In der Erkenntnistheorie die Auffassung, daß die Dinge in ihrem Wesen für uns erkennbar sind; im metaphysischen Sinne die Überzeugung, daß die bestehende Welt die bestmögliche ist.«

Mit Albert Schweitzer gehen wir von einer Welt- und Lebens*bejahung* aus. Wir bejahen die Welt und das Leben so, wie sie sind. Wir erkennen in dieser Welt unsere Aufgabe und den Sinn unseres Lebens. Sich in dieser Welt zwischen Yin und Yang nicht zerreißen zu lassen, sich in dieser Welt zu verwirklichen, sich zu behaupten, verlangt nach einem starken Charakter, und das setzt Mut und Selbstbewußtsein voraus.

Optimismus, das können wir täglich spüren, hat sehr viel mit Selbstvertrauen und Mut zu tun und zeigt sich nicht nur in den großen Entscheidungen, sondern vor allem in den tausend Kleinigkeiten des Alltags.

»Der erfolgreiche Weg« zeigt den Weg zur Überwindung des Negativen durch die Macht des Glaubens, der inneren Überzeugung:

- Wir glauben an die Möglichkeit der Höher- und Weiterentwicklung.
- Wir glauben, daß sich ständig alles wandelt.
- Wir glauben, daß man Unglück in Glück umkehren kann.

- Wir glauben, daß man Krankheit in Gesundheit verwandeln kann.
- Wir glauben, daß man Armut in Reichtum wandeln kann.
- Wir glauben, daß man lernen kann, ein glückliches und erfolgreiches Leben zu führen.
- Wir glauben, daß der Mensch und unsere Erde eine große Zukunft haben.
- Wir glauben, daß der Mensch auch in Zukunft noch große Schwierigkeiten meistern wird.

Immer wieder bekomme ich Briefe von Menschen, die mir bestätigen, daß es möglich ist, Unglück in Glück zu verwandeln. Sie bestätigen mir auch, daß eine Änderung von Einstellung und Blickrichtung vorausgehen müssen. Die eigene Einstellung, die eigene Überzeugung zu ändern, gerade das ist das Schwierigste! Die eigene Einstellung zu ändern setzt nicht nur Erkenntnis und Glauben voraus, hinzukommen muß der Mut.

Erinnern Sie sich, wann Sie zum letzten Mal etwas geändert haben? Wann ...? Und was ...?

Die Voraussetzung für diesen persönlichen Mut, in den Spiegel der Selbsterkenntnis zu schauen, liegt in der Überwindung unserer Minderwertigkeitskomplexe. Ich persönlich bin noch keinem Menschen begegnet, der keine Minderwertigkeitskomplexe hatte. Ich kenne aber viele Menschen, die nicht bereit sind, es zuzugeben; die ihre Komplexe verdrängen und dadurch ihre persönliche Lebenssituation verschlechtern.

Sie entnehmen daraus, wie wichtig unsere Übungen sind: Mit den Übungen wächst die Persönlichkeit, entwickelt sich die Fähigkeit, über sich hinauszuwachsen, es wächst die Fähigkeit, groß zu denken. Ganz automatisch steigert sich die Kreativität, und neue Türen für die Zukunft öffnen sich.

Sicher können Sie viele Ihrer Freunde und Bekannten beurteilen und wissen, wie angenehm es ist, mit Menschen umzugehen, die an sich arbeiten und die ihr Selbstbewußtsein stärken, die belastbar sind. Mit solchen Menschen – Freunden – kann man wirklich sprechen. Sie können zuhören und können auch positive Ratschläge geben, da sie schon viele Situationen gemeistert haben. Akzeptieren Sie Ratschläge aber nur dann, wenn sie nicht von Theoretikern, sondern von erfolgreichen Vorbildern kommen. Wir alle können aus Erfolgen viel mehr lernen als aus Mißerfolgen.

Gehen Sie einmal in Ihrem Gedächtnis spazieren. Können Sie sich noch an vier Situationen in Ihrem Leben erinnern, die nur mit Optimismus und Zuversicht zu meistern waren? Schreiben Sie vier Stichpunkte dazu auf:

1. ______________________________

2. ______________________________

3. ______________________________

4. ______________________________

Ich bin sicher, daß Ihnen die nachfolgende Übung helfen kann:

Denken Sie einmal an eine sehr negative Situation, an einen Mißerfolg in Ihrem Leben, und stellen Sie sich dann vor, wie Sie reagiert, wie Sie gehandelt hätten, wenn Sie selbstbewußter gewesen wären.

Von Pascal übernehmen wir gerne die Erkenntnis: »Vergangenheit und Gegenwart sind unser Mittel, die Zukunft allein ist unser Zweck.«

Mit dem Optimismus verwandt sind Begriffe wie »Chance, Hoffnung, Erwartung, Glauben, Daseinsfreude, Lebensvertrauen, Zuversicht, Lebensbejahung, Heiterkeit, Lebensmut, Glaube an das Gute, Vorfreude, Fortschrittsglaube, rosa Brille, Sonne im Herzen«.

Jedes dieser Worte – das spüren Sie genau – enthält eine positive Suggestion. Über jedes Wort sollten Sie als kreativer Mensch einmal meditieren.

Denn was den Menschen vom Tier unterscheidet, ist das Prinzip Zukunft: das Tier lebt nur im Hier und Heute. Der Fuchs zum Beispiel wird seinen Bau in Zukunft noch genauso bauen wie vor 150 Jahren. Der Mensch aber kann sich gleich, kann sich morgen, kann sich übermorgen ändern. Darum ist das erste Grundgesetz der Lebensentfaltung für uns so wichtig:

*Nur der Mensch hat die Kraft, bewußt zu denken, zu planen und zu gestalten. Nur er kann sich selbst und damit sein Schicksal und seine Zukunft gezielt beeinflussen.*

Wenn es einen Gott gibt und er das ganze Universum geschaffen hat, und wenn er sich den Menschen zum Bilde geschaffen hat, so hat er uns einen Teil seiner schöpferischen Fähigkeiten mit in die Wiege gelegt.

Der Mensch kann im Gegensatz zum Tier der Schöpfer seiner Zukunft sein. Das ist nicht nur ein wichtiger, sondern auch ein erregender Gedanke.

Noch heute weiß ich nicht, woher ich den Mut und die Intuition nahm, als ich im Alter von 25 Jahren Ossip K. Flechtheim zu einem dreistündigen Vortrag einlud. Ich erinnere mich, daß auch er erstaunt war über die Einladung zu einer Vortragsveranstaltung. Dort betonte er, wie wichtig die Neugierde, die Wißbegierde ist.

Wer ist Ossip K. Flechtheim? – Er ist der Vater der Futurologie und schrieb unter anderem die Bücher »History and Futurology«, »Futurologie als ›Dritte Kraft‹« und »Ist die Zukunft noch zu retten?« Futurologie ist die systematische Beschäftigung mit der Zukunft. Er unterscheidet zwischen Zukunftsforschung einschließlich Prognostik und der Zukunftsplanung; sein Hauptinteresse galt und gilt der Frage, wie man eine wünschenswerte Zukunft vorbereitet oder eine bedrohliche Zukunft vermeiden kann. Mit diesen Gedanken beschäftigen wir uns auch in unserem Hauptseminar »Der erfolgreiche Weg«. Denn eigentlich sollte doch jeder Mensch den Wunsch haben, Bedrohliches abzuwenden und Wünschenswertes vorzubereiten. Und diesem Hintergrund hat unser wichtigstes Seminar den Namen »Der erfolgreiche Weg« zu verdanken, denn unser Leben ist ein Weg aus der Vergangenheit über die Gegenwart in die Zukunft. Und: Wir wollen lernen, die Zukunft wünschenswert zu gestalten. Ganz gleich, was gestern war; ganz gleich, wie trüb der heutige Tag ist, das Geben, das Leben geht weiter. Erst wenn wir den Glauben an unsere Zukunft verloren haben, sind wir verloren.

Was bringt mir die Zukunft?
Was bringt mir mein Beruf?
Was bringt mir meine Partnerschaft?

Sie alle kennen den Satz: »Der Glaube versetzt Berge.« Vielleicht spüren Sie, daß das stimmen könnte. Doch wie komme ich zu dem Glauben, der Berge versetzt?

Selbst wenn man auf der Suche nach der Zukunft an einen *qualifizierten* Berater gerät, so macht man sich trotzdem oder gerade deshalb von dessen persönlicher Meinung abhängig.

Ossip K. Flechtheim hat sich sehr intensiv mit der sich selbst erfüllenden Prophezeiung beschäftigt. Ich möchte Sie daran erinnern: Nur Ihre Gedanken, Ihre Ziele, Ihr Wille allein sind wichtig! Was jeder Mensch benötigt, ist nicht das gute Horoskop, sondern ein Bild, eine Vision von der eigenen, ganz persönlichen Zukunft.

Wir sollten von unserer Partnerschaft, von unserem Beruf, von unserer Gesundheit ein ideales Bild entwickeln, ein vollkommenes Bild! Besitzen Sie doch den Mut, von den verschiedenen Lebensbereichen eine wirklich ideale Vision zu entwickeln. Nicht, weil wir dem Irrtum unterliegen, wir könnten dieses Ideal tatsächlich erreichen. Nein, wir streben nach dem Äußersten, um das Mögliche zu erreichen. Wer nicht danach strebt, seine Ideale zu realisieren, bleibt stets unter dem Niveau seiner eigenen Möglichkeiten.

Karajan sagte einmal: »Wer behauptet, alles erreicht zu haben, hat sich nie große Ziele gesteckt.« Wenn Sie einmal Ihre Mitmenschen kritisch beobachten, so werden Sie feststellen, daß sich die meisten Menschen ständig mit der Vergangenheit und der Gegenwart beschäftigen, und sie haben eine große Angst, sich mit der Zukunft auseinanderzusetzen. Diese Angst resultiert aus ihrer Einstellung: Warum sollte ich mich mit der Zukunft beschäftigen? Ich weiß nicht einmal was kommt!

Da der Fortschritt aber immer schneller voranschreitet, kommt auch die Zukunft immer schneller auf uns zu. Gerade deshalb sollten wir unsere Zukunft beherzt angehen.

Natürlich ist nicht alles in Ihrer Vergangenheit so gelaufen, wie Sie es wollten. So manche Enttäuschung hat Sie getroffen, und daraus sollten Sie Konsequenzen ziehen. Entweder Sie geben den Lebenskampf ganz auf, oder Sie bereiten Ihre Zukunft noch qualifizierter vor. Vielleicht lautet darum in Zukunft Ihr Motto: Werde Herr Deiner Zeit.

Wenn Sie sich auf das kommende Jahr ganz offen und positiv einstellen, erkennen Sie auf einmal die große Bedeutung der »Freiheit«, und vielleicht spüren Sie die drängenden Fragen:

Will ich meine Freiheit verschenken?
Will ich meine Chancen vergeben?
Will ich meine Zeit nutzen?
Was will ich sehen?
Was kann ich verursachen?
Welche Menschen möchte ich kennenlernen?
Welchen Nutzen möchte ich bringen?

Vielleicht erkennen Sie in diesem Augenblick: Am wichtigsten ist das Selbstmanagement. Selbst ist der Mann, selbst ist die Frau; selbst sein Leben in die Hand nehmen, selbst seine Zukunft organisieren und gestalten.

Überprüfen und fragen Sie sich, welche Rolle spiele ich auf der Bühne des Lebens? Bin ich der Steuermann, bin ich der Beifahrer, bin ich ein Ersatzreifen oder bin ich ein Störfaktor?

Selbstmanagement bedeutet Steuermann, Kapitän zu sein. Nur in einem Punkt gibt es Chancengleichheit, und diesen Punkt sollten Sie erkennen und nutzen: die Zeit. Es liegt in Ihrer Macht, wie Sie mit der Zeit umgehen. Sie können wählen und entscheiden, was Sie mit jeder Stunde, jeder Minute anfangen wollen. Sie haben genügend Zeit, wenn Sie sie nur richtig planen würden. Seine Zeit in die Hand nehmen bedeutet gleichzeitig aber auch mehr Selbstdisziplin. Dennoch: Planen Sie Ihre Zukunft und leben Sie nach Ihrem Plan.

> *Die Schwierigkeit des Selbstmanagements liegt nicht im Organisieren, sondern in der Beantwortung der wichtigsten Lebensfragen:*
>
> *Was ist der Sinn meines Lebens?*
> *Hat mein Leben einen Sinn?*
> *Hatte meine Vergangenheit einen Sinn?*

Wenn Sie zu den Menschen gehören, die sagen, diese Frage sei rein egoistischer Natur, dann können Sie natürlich die Lebensfragen auch anders formulieren:

- Was hat Gott mit mir vor?
- Welche Aufgaben gibt er mir, damit ich sie zur vollen Zufriedenheit löse?
- Bin ich in der Vergangenheit diesen Aufgaben ausgewichen?

Ein Mensch, der in dem Bewußtsein lebt, was er tut, ist sinnlos, bekommt automatisch einen Minderwertigkeitskomplex. Ein Mensch aber, der in dem Bewußtsein lebt, was er tut, ist sinnvoll und wertvoll, bekommt ganz automatisch mehr Selbstwertgefühl; er lebt aus seiner Mitte.

Ermitteln Sie doch einmal, warum Sie glauben, zu wenig Zeit zu haben? Was hindert Sie daran, Ihre Zeit besser zu nutzen? – Schreiben Sie zu jeder der folgenden Fragen mindestens fünf Ergänzungen auf:

1. Ich habe zu wenig Zeit, weil ...

2. Ich hätte mehr Zeit, wenn ...

3. Ich vergeude zuviel Zeit, weil ...

4. Ich habe zu wenig Einfluß auf meine Zeitplanung, weil ...

Vielleicht ist es Ihnen jetzt möglich, Ihre eigenen inneren Blockaden zu erkennen, die unbewußt Ihre Selbstorganisation stören.*

Die Frage nach dem Sinn des Lebens und Optimismus gehören zusammen. Wer an die Zukunft glaubt, gewinnt die Gegenwart. Auch unser Schicksal wird von zwei Kräften gestaltet:

1. Von der Liebe
2. Vom Glauben

Liebe bedeutet: Liebe zur eigenen Aufgabe, zu seinen Zielen, zur Familie und auch die Liebe zur Gemeinschaft, in der wir leben. Zur Liebe kommt der Glaube. Der Glaube, die gesteckten Ziele erreichen zu können; der Glaube an die eigenen Fähigkeiten, der Glaube an die Kraft, an die *eigene* Kraft.

Wenn wir an die Macht des Glaubens denken und wissen, daß der Glaube Berge versetzen kann, so müssen wir auch verstehen und begreifen, daß es nicht nur einen positiven, sondern auch einen negativen Glauben gibt. Erst wenn wir dieses begriffen haben, verstehen wir, warum im Leben vieler Menschen *alles* schief läuft.

* In meinem Buch »Mit Freude erfolgreich sein« finden Sie auf Seite 233 das Kapitel »Jede Stunde hat nur 60 Minuten«. Hier habe ich mich eingehend mit Zeitplanung und -organisation beschäftigt.

Der negative Glaube, der Berge versetzen kann, beginnt immer mit der Überzeugung »wenn«. Alle negativen Glaubensinhalte beginnen mit dem Wörtchen »wenn«.

Wenn ich bessere Eltern gehabt hätte . . .
Wenn ich bessere Lehrer gehabt hätte . . .
Wenn ich eine bessere Ausbildung gehabt hätte . . .
Wenn ich einen besseren Partner hätte . . .
Wenn ich begabter und intelligenter wäre . . .
Wenn ich in einer Großstadt leben würde . . .
Wenn ich die richtigen Menschen kennen würde . . .
Wenn mir nur die anderen nicht so auf die Nerven gingen . . .
Wenn ich genügend Mut hätte . . .
Wenn ich etwas Geld sparen könnte . . .
Wenn die Zeiten besser wären . . .
Wenn man mir eine Chance gäbe . . .

Ein Mensch, der von solchen und ähnlichen Glaubensinhalten beherrscht wird, muß in einer Hölle leben. Er kann noch so fleißig sein, er wird mit all seinem Fleiß seine Situation weiter verschlechtern.

Jetzt erkennen Sie, wie wichtig der positive Glaube ist, von dem wir uns beflügeln lassen können –, wenn wir bereit dazu sind. Diese positive Grundeinstellung, der Glaube an das Gute, ist der Anfang eines erfüllten Lebens. Schon aus der Bibel wissen wir, die drei größten Tugenden sind der Glaube, die Liebe und die Hoffnung. Durch unser positives Streben tragen wir auch die Verantwortung für die Zukunft.

Ja, ich weiß, daß es große Probleme zu lösen gilt. Da ich aber auch weiß, wie groß die Reserven im Menschen selbst sind, weiß ich, daß die Liebe und der Glaube in der Lage sind, auch die Lernfähigkeit und die intellektuellen Fähigkeiten des Menschen zu steigern, um der Herausforderung gewachsen zu sein.

Möge Ihr Herz mit Hoffnung erfüllt sein, denn wenn die Hoffnung uns verläßt, geht sie, unser Grab zu graben. Herbert Kahn, ruft uns allen zu: »Die guten Jahre kommen erst.« – Freuen wir uns darauf!

## Negative Gewohnheiten in positive umwandeln! Hypnose – Fremdbeeinflussung – Autosuggestion

Am Anfang war es ein Experiment. Ob es funktionieren würde, wußte niemand, lediglich, daß bisher alle Versuche in Europa, mit Hilfe von Hypnose oder meditativen Kräften über das Medium Fernsehen zu wirken, fehlgeschlagen waren. Dennoch wagte der Privatsender RTL-plus das Risiko: Über den Fernsehschirm sollten Zuschauer mit meiner Hilfe in Hypnose versetzt und von ihrer Nikotinsucht befreit werden.

Trotz der bekannten Erfolge der Königsteiner Raucherentwöhnung und der weit über die Grenzen Deutschlands hinaus anerkannten Hypnose-Methode war die Skepsis groß. Konnte es gelingen, den konsumierenden Zuschauer in Tiefenentspannung zu versetzen? Konnten die hypnotischen Kräfte über den Bildschirm ihre Wirkung entfalten? Die Spannung war groß, als am 6. Dezember 1985 zum erstenmal in Europa eine Hypnose über das Fernsehen ausgestrahlt wurde. Vier Redakteure von RTL-plus hatten sich für das Experiment im Studio zur Verfügung gestellt – alle vier »unbeugsame« Raucher und voller Skepsis.

Die Königsteiner Raucherentwöhnung dauert zwei Stunden. Für die Sendung waren aber nur zwanzig Minuten eingeplant. Es war also fast unmöglich, die Zuschauer vor dem Bildschirm in den Zustand tiefer Trance zu versetzen. Die Teilnehmer im Studio dagegen konnten vorbereitet werden. Um so mehr waren alle Beteiligten von der unerwartet großen Zuschauer-Resonanz überrascht. Das Telefon stand während der Sendung nicht mehr still. Fast alle Anrufer äußerten Interesse an der Methode, wollten näheres wissen, verlangten eine Wiederholung, um sich entsprechend vorbereiten zu können. Spontan wurde die Sendung auf siebzig Minuten verlängert. Mit dieser Resonanz hatten selbst die Profis von RTL-plus nicht gerechnet. Viele Anrufer teilten mit, daß sie während der Ausstrahlung zu Nichtrauchern wurden, und

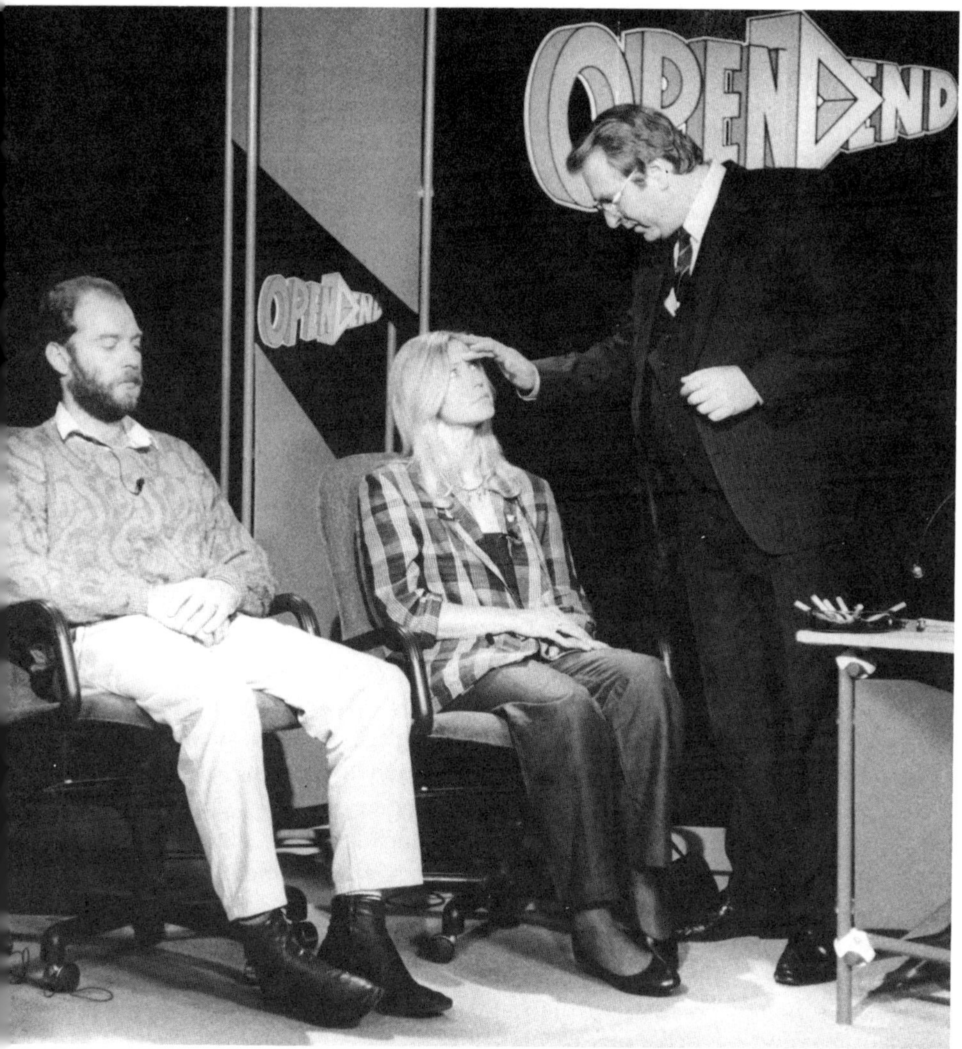

*Beispielhafter Erfolg:* **Raucher-Entwöhnung durchs Fernsehen sendete RTL-plus zum drittenmal live mit Nikolaus B. Enkelmann.** *An fünf Teilnehmern im Studio zeigte er, wie und was in Hypnose geschieht, und die Fernseh-Zuschauer zu Hause konnten mitmachen. Sie taten es – zu Tausenden und Abertausenden.*

eine Woche nach der Sendung erklärten die vier Testpersonen öffentlich, daß sie seit der Entwöhnung nicht mehr geraucht hätten.

Das Experiment war gelungen, und bereits vier Monate später wurde der Versuch wiederholt – diesmal mit wesentlich mehr Sendezeit. In der zweistündigen Entwöhnungssendung sollten die hypnotischen Kräfte nicht auf Studiogäste, sondern direkt und zielgerichtet auf die Zuschauer vor dem Bildschirm wirken. Wir waren uns aufgrund der Erstsendung sicher, daß es uns gelingen würde, einen Meilenstein in der Geschichte der Hypnose zu setzen und erstmalig über das Fernsehen eine Massenhypnose durchzuführen. Mit diesem Experiment wurde erfolgreich bewiesen, daß die Hypnose auch dann auf Menschen wirkt, wenn sie dem Hypnotiseur nicht unmittelbar und in direktem Blickkontakt gegenüberstehen.

Insgesamt viermal strahlte RTL-plus die Raucherentwöhnung aus – immer mit großem Erfolg. Begeisterte Anrufe und Briefe dankbarer Menschen, die nach jahrelanger Abhängigkeit endlich von ihrer Sucht befreit worden waren, gingen ein. Nichtraucher teilten mit, daß sie dank dieser Sendung zum erstenmal in ihrem Leben wirkliche Entspannung empfunden hätten, und hartnäckige Raucher drückten ihre Fassungslosigkeit darüber aus, daß sie nun nach mehreren vergeblichen Versuchen endlich von der Zigarette lassen konnten.

Die negative Gewohnheit des Rauchens hatte sie alle jahrelang so sehr in Abhängigkeit gehalten, daß sie nicht mehr imstande waren, frei zu entscheiden, ob sie aufhören oder weiterrauchen wollten. Sie waren Opfer ihrer Sucht. Erst die Umprogrammierung ihres Unterbewußtseins mit der Absicht, aus negativen Gewohnheiten positive zu machen, konnte sie befreien.

*Nicht im Aufgeben von Gewohnheiten liegt der Erfolg, sondern im positiven Verändern.*

## Der Sieg über die Sucht ist ein Sieg über eine negative Gewohnheit

Da der Mensch ein Gewohnheitstier ist, geben ihm die Dinge im Leben, an die er sich erst einmal gewöhnt hat, Orientierung und Identität. Das Aufgeben aller Gewohnheiten bedeutet deshalb auch Orientierungslosigkeit und Identitätsverlust. Veränderung von Gewohnheiten dagegen heißt: andere, wertvollere Dinge geben mir nun eine bessere Orientierung, eine erstrebenswertere Identität.

Es ist sinnlos, Gewohnheiten zu bekämpfen –, sie können nur durch andere Gewohnheiten ersetzt werden. Deshalb kann man die negative Gewohnheit des Rauchens nicht einfach damit besiegen, indem man dem Menschen klar macht, daß rauchen schlecht und ungesund ist. Nicht immer ist Wissen Macht; das zeigt sich gerade im Phänomen Sucht am deutlichsten: Umfragen haben ergeben, daß niemand so sehr über die negativen Folgen des Rauchens informiert ist wie die Raucher selbst. Dieses Wissen jedoch genügt nicht, um davon zu lassen. Deshalb ist es so wichtig, dem Abhängigen eine positive Orientierung zu geben. Bei der Raucherentwöhnung wende ich zum Beispiel einen kleinen, aber wirkungsvollen »Trick« an: Ich suggeriere den Entwöhnungswilligen, daß sie bei der sanften Berührung ihres kleinen Fingers angenehme und lustvolle Gefühle empfinden, die sie vorher in ähnlicher Form mit dem Rauchen verbunden haben. Sonst würde die Gefahr bestehen, daß zwar das Rauchen aufgegeben, aber durch eine andere Suchtform wie zuviel Essen oder Alkohol ersetzt wird. Mit dem »Trick« wird dagegen eine lustbringende, aber negative, da schädliche Gewohnheit durch eine ebenfalls lustbringende, aber positive, da unschädliche Gewohnheit ersetzt.

Im beschriebenen Fall ist positiv gleich unschädlich, weil damit eine gesundheitsschädliche Wirkung aufgehoben wird. Positiv kann aber wesentlich mehr bedeuten: nutzbringend oder auch angstfrei. Das Beispiel Rauchen macht deutlich: Negative Gewohnheiten machen den Menschen zum Sklaven, machen unfrei und hemmen die Entfaltung der Persönlichkeit. Wer sich daran gewöhnt hat, vor jeder Prüfung Angst zu haben, wird in Prüfungen, anderen entscheidenden Momenten und Bewährungsproben immer versagen oder zumindest nur einen Bruchteil der Leistungen erbringen können, zu denen er tatsächlich fähig wäre. Wer seine Prüfungsangst aber überwunden hat – zum Beispiel mit Hilfe von autosuggestiven Formeln –, kann das ganze Potential seiner Leistungsfähigkeit ausschöpfen.

Suggestion und Autosuggestion (Fremd- und Selbstbeeinflussung) sind wertvolle Mittel zur Überwindung negativer Gewohnheiten. Auch die Raucherentwöhnung basiert auf der suggestiven Umprogrammierung des Unterbewußtseins. Unter Hypnose erreichen die positiven Suggestionen das Unterbewußtsein nur schneller und intensiver.

Für die Autosuggestion oder die Suggestion mit Hilfe von systematischem Cassettentraining muß dagegen etwas mehr Zeit aufgewendet werden, bis eine positive Veränderung eintritt, aber diese Methoden sind genauso wirkungsvoll wie die Hypnose. Die tiefsten Schichten des Unterbewußtsein werden im Zustand der Entspannung angesprochen und lösen Prozesse aus, die langfristig zum gleichen Ergebnis führen können, wie dies unter dem Einfluß von Hypnose möglich ist.

## Selbstbewußtsein (zurück)gewinnen

Negativ sind im Kern alle Gewohnheiten, die den Menschen beeinträchtigen, ihn hemmen, für ihn schädlich sind – ihn an der Entfaltung seiner Persönlichkeit hindern. Die Auswirkungen negativer Gewohnheiten können fatal sein. Ein Beispiel:

Ein Mann ist mit seiner Arbeit unzufrieden. Er weiß genau, daß er in der Firma keine Chance hat, nach oben zu kommen, weil der Vorgesetzte ihm keine Verantwortung zutraut. Er verdient wenig, kann seine Freizeit nicht genießen, weil er sich auch nach Feierabend noch über die unbefriedigende Situation ärgert. Da er aber seit über zehn Jahren in der Firma beschäftigt ist und sich inzwischen an den Zustand gewöhnt hat, kommt es ihm gar nicht in den Sinn, etwas zu ändern. Weder zieht er ein Gespräch mit dem Chef in Erwägung, noch einen Stellenwechsel, und eigentlich hat er auch schon längst die Hoffnung aufgegeben, daß sich noch irgend etwas zum Positiven ändern könnte. Er hat sich mit seiner Unzufriedenheit abgefunden, weil sie ihm vertraut ist. Die Folge: in der Firma genießt er den zweifelhaften Ruf, ein Mitarbeiter zu sein, der ohne Lust und Freude arbeitet und deshalb auch nichts Besonderes leistet. Der Chef wird immer weniger mit dem Gedanken einer Beförderung spielen. Die Ehefrau ist unzufrieden, weil der Mann zwar ständig über seine Arbeit nörgelt, aber nichts unternimmt, um Abhilfe zu schaffen. Und so fort. Die Belastungen für Firma und Privatleben werden immer größer, die negativen Kettenreaktionen verschlimmern die Situation. Eine Lösung ist nur dann in Sicht, wenn sich der Mann durchringt, diesen Kreislauf zu durchbrechen, indem er seine negative Gewohnheit, sich mit seiner Unzufriedenheit abzufinden, durch eine positive ersetzt, die zum Beispiel mit Hilfe dieser Autosuggestions-Formel erreicht werden könnte:

*Ich will alles tun,*
*damit ich mit Freude zur Arbeit gehe und meine Arbeit liebe.*

Ob dieses Ziel mit einem Stellenwechsel oder einer Veränderung der Arbeitsauffassung erreicht werden kann, ist dem Mann selbst überlassen. Entscheidend ist nur, daß er einen Faktor in seinem Leben, der ihn an der Entfaltung seiner Persönlichkeit gehindert hat, systematisch durch einen positiven Faktor austauscht. Daß dies nicht von heute auf morgen zu erreichen ist, dürfte einzusehen sein. Wenn aber bewiesen ist, daß eine negative Gewohnheit wie das Rauchen durch Fremdbeeinflussung über den Fernsehschirm zu besiegen ist, dann wird ersichtlich: Jede Gewohnheit kann verändert, jede Schwäche besiegt werden!

Noch ein Beispiel: Eine Mutter lebt in der ständigen Angst, ihren Kindern könnte etwas Schlimmes zustoßen. Sie zieht das

Vierjährige vom Klettergerüst weg, von dem es herunterstürzen könnte. Sie begleitet noch das Zehnjährige täglich zur Schule, damit es nicht von einem Auto überfahren wird. Sie beschützt und behütet ihre Kinter vor jeder nur erdenklichen Gefahrensituation – und erzieht sie damit zu ängstlichen Menschen, die nie gelernt haben, sich etwas zuzutrauen. Wenn die Mutter diesen Kreislauf der Überbehütung durchbrechen könnte, würde sie wahrscheinlich sehen, daß ein selbstbewußtes Kind die Straße allein überqueren kann, auf einem Klettergerüst balancieren kann und viel weniger gefährdet ist als ein Kind, das nicht gelernt hat, Verantwortung für sich selbst zu übernehmen. Aber sie hat sich so sehr daran gewöhnt, ihre Kinder ständig zu beschützen, daß sie nicht spürt, daß sie ihren Kindern Angst vor dem Leben einflößt. Ihre negative Gewohnheit entpuppt sich für ihre Kinder einst als folgenschwere Mitgift für ein ganzes Leben.

## Was du denkst, das wirst du!

Wer schlechte Gewohnheiten durch gute ersetzt, ist ein Sieger, weil er einen Sieg über eine Schwäche davongetragen hat. Jeder Sieg über negative Gewohnheiten, jede positive Umprogrammierung führt zu einer Steigerung des Selbstbewußtseins. Ein selbstbewußter Mensch löst positive Kettenreaktionen bei seinen Mitmenschen aus. Wohl deshalb berichten Menschen, die es geschafft haben, mit dem Rauchen aufzuhören, immer wieder davon, wie nicht nur sie selbst sich mit dem Sieg über die Sucht verändert hätten, sondern wie ihre gesamte Umgebung positiv auf das neue, selbstbewußte Auftreten der ehemaligen »Sklaven des Glimmstengels« reagieren würde.

Das Unterbewußtsein hat die Tendenz, jeden Gedanken zu realisieren. Jeder Mensch, der sein Unterbewußtsein gezielt beeinflußt, kann sich auf die Kräfte aus seinem Inneren verlassen, die ganz von selbst sein Tun und Handeln in die programmierte Richtung lenken. Durch Suggestiv-Cassetten können positive Gewohnheiten im Unterbewußtsein fest eingespeichert werden und das Handeln bestimmen. Voraussetzung ist der feste Wille zur Veränderung. Wer nicht mit dem Rauchen aufhören will, kann es nicht. Wer an seiner Unzufriedenheit nichts ändern will, wird zeitlebens unzufrieden sein. Erst mit dem Willen zur Veränderung wird unser Unterbewußtsein aufnahmebereit und nimmt seine Arbeit auf, uns Schritt für Schritt unseren Zielen näherzubringen, die ihm unser Bewußtsein, unsere Gedanken vorgeben. Entschlossenheit und Ausdauer sind gefordert; neuer Lebensschwung krönt jede positive Veränderung um so mehr.

# Die Angst besiegen

Es gibt viele Beispiele von der Macht des Willens über physische und psychische Leistungsgrenzen. Spitzensportler, die das mentale Training anwenden, berichten von einer Steigerung ihrer Konzentrationsfähigkeit, ihrer Kondition, Kraft und Energie. Aber stichhaltige Beweise, daß wirklich das Mentaltraining ausschlaggebend für den sportlichen Erfolg ist, können auch die überzeugendsten Aussagen nicht sein. Ein Beweis für die geheimnisvollen Kräfte unseres Unterbewußtseins aber ist das Feuerlaufen, jene Tätigkeit, bei der man mit nackten Füßen über glühende Kohlen läuft –, ohne daß die geringste Verletzung entsteht! Setzt Feuerlaufen die Gesetze der Physik außer Kraft?

Angst gehört zum Leben. Jedes Lebewesen kennt die Angst. Sie hält uns alle am Leben. Das mag paradox klingen für Menschen, die unter Ängsten leiden, die von Angstträumen gebeutelt werden und die von der Angst vor dem Leben bis zum Selbstmord getrieben werden.

Hätte die Antilope keine Angst vor dem Geruch des Löwen, wäre sie längst ausgestorben. Es ist nur natürlich, daß die Herden flüchten, wenn sie die Bedrohung wittern – ein lebenserhaltender Instinkt, geboren aus der Angst. Hätte der Mensch keine Angst vor dem Tod, würden sich tagtäglich Millionen von Menschen freudestrahlend von Hochhäusern stürzen, über Straßen ohne aufzupassen laufen oder zumindest ständig in akuter Lebensgefahr schweben. Der Lebenstrieb, die Angst vor dem Tod hat dafür gesorgt, daß wir uns weitgehend vor ihm schützen möchten. Angst ist also durchaus sinnvoll, solange sie dem Schutz anderer und als Selbstschutz dient.

Aber es gibt eine Form der Angst, die wenig mit (Selbst)Erhaltung zu tun hat, die sogar zerstörerisch ist: die Lebensangst. Freud sprach in diesem Zusammenhang vom Todestrieb. Viele Psychologen bezweifeln, daß es sich dabei wirklich um einen Trieb handelt. »Die Verzweifelten und Gestörten«, schrieb Friedrich Hacker zum Thema Todessehnsucht, »denen am eigenen Leben nichts mehr liegt, suchen und finden die großen Sachen, denen sie dienen und sich opfern können; daher haben alle weltbewegenden Ideen und Anliegen unwiderstehliche Faszination für Psychopathen und Desperados.« Ein jüngeres Beispiel aus der Weltpolitik: der Einfluß der islamischen Fanatiker auf Millionen von Gläubigen, die bereit sind, für eine Idee zu kämpfen und zu sterben. Die Angst dient nicht mehr dem Schutz, sondern wird zum Ventil für Gewalt und Vernichtung!

## Sieg über die Angst

Der Ängstliche bewahrt nicht, baut nicht auf – er vernichtet. Auch sich selbst – wie der Selbstmörder, aber auch der Alkoholiker, der seine Angst betäubt und damit seine Gesundheit ruiniert. Es liegen Welten zwischen der lebenserhaltenden, lebensnotwendigen Furcht vor realen Gefahren und der lebensverneinenden destruktiven Angst vor dem Irrationalen. Angst vor dem Tod ist natürlich; niemand weiß, was nachher kommt.

Der Mensch der modernen Industriegesellschaft hat eine durchschnittliche Lebenserwartung von etwa 75 Jahren und kann ohne weiteres auch über 90 werden. Wenn nun ein Dreißigjähriger nicht mehr schlafen kann, weil er Angst vor dem Tod hat, so ist dies sicherlich nicht im Sinne eines glücklichen und zufriedenen Lebens. Natürlich können wir an einer Krankheit oder an einem Unfall auch in jungen Jahren sterben, aber es dürfte wesentlich sinnvoller sein, durch bewußte Lebensführung die Risiken zu vermindern, als täglich den Tod zu fürchten und uns damit die Lebensfreude für weitere 50 Jahre zu nehmen.

Nur wenige teilen die zukunftsorientierte Haltung Luthers, noch heute ein Apfelbäumchen zu pflanzen, auch wenn man wüßte, daß morgen die Welt untergeht. Die Angst vor dem Weltuntergang könnte den Weltuntergang nicht verhindern, aber der Glaube an das Leben könnte uns einen wunderschönen, erfüllten Tag bescheren – selbst wenn es der letzte unseres Lebens sein sollte.

Sicher kennen Sie die Geschichten von unheilbar Kranken, die erst mit der Gewißheit des absehbaren Todes die Erfüllung ihres Lebens fanden. Sie schrieben ein Buch und lernten damit, ihre Angst vor dem Tod zu bewältigen. Manche drehten einen Film, unternahmen eine Weltreise. Sie alle hatten eines gemeinsam: sie erfüllten sich einen Traum, vollbrachten etwas, was sie bisher nicht für möglich gehalten oder zumindest nicht versucht hatten – und wurden Sieger über ihre Angst.

Das Leben hält viele solcher Geschichten über Menschen bereit, die ihrem Leben im Angesicht des Todes einen tiefen Sinn geben konnten. Und manch einer konnte mit einer völlig veränderten, mit einer neuen, positiven Lebenseinstellung sogar die Krankheit besiegen. Die Angst hätte das nicht vermocht, denn Angst hindert an der Entfaltung der Persönlichkeit. Sie lähmt unsere Lebensenergie. Ein spanisches Sprichwort sagt: »Wovor einer Angst hat, daran wird er sterben.« Man könnte auch sagen: Angstfreiheit ist Leben.

Auch berichten Tageszeitungen immer wieder von Säuglingen und Kleinkindern, die von einem Hochhaus stürzen und dabei höchstens ein paar Schürfwunden davontragen. Von einem Schutzengel oder einem Wunder ist dabei oft die Rede. – Warum geschieht einem Kind nichts bei einem Fall aus einer Höhe, der für einen Erwachsenen der sichere Tod wäre? – Kinder kennen die Gefahr nicht – und haben daher keine Angst. Sie spannen die Muskeln vor dem Aufprall nicht an, ihr Körper verhält sich instinktiv richtig. Daß es nicht allein das physikalische Gesetz der geringen Masse ist, das die kleinen Körper vor schlimmen Folgen schützt, beweisen die Geschichten von Betrunkenen oder Drogenabhängigen, die schwere Stürze oder den Fall aus dem Fenster unverletzt überstanden haben. Im betäubten und benebelten Zustand waren sie sich der Gefahr nicht bewußt. Ihr Körper hat genau so reagiert, wie es der Körper eines Kleinkindes getan hätte. Angstfreiheit ist Leben!

»Aber was nützt mir das?« wird jetzt vielleicht der Ängstliche sagen. Ängste kann man eben nicht so einfach wegpacken wie ein abgetragenes Kleidungsstück. – Aber man kann lernen, seine

Angst zu überwinden. Dazu müssen Ängste erst einmal als solche erkannt werden, bevor sie in Stärken umgewandelt werden können. Fast jeder Mensch hat in seinem Leben eine Situation erlebt, in der er über sich selbst hinausgewachsen ist. Jeder Mensch ist in der Lage, ungeahnte Kräfte zu mobilisieren, wenn die Situation es erfordert.

So ist erwiesen, daß Menschen in akuter Gefahrensituation wesentlich schneller laufen können als normalerweise, daß sie ihre Körperkraft wesentlich verstärken können – ein Phänomen, das im Leistungssport Anwendung gefunden hat unter der Bezeichnung »mentales Training«. Es bedeutet, daß wir alles erreichen können, wenn wir an den Erfolg glauben. Unmögliches wird möglich. Es ist alles nur eine Frage der Programmierung.

Es gibt Yogis, die sich tagelang lebendig begraben lassen und ihre Körperfunktionen durch Selbstbeeinflussung soweit reduzieren, daß sie in einen komaähnlichen Zustand sinken, der es ihnen ermöglicht, fast ohne Sauerstoff und ganz ohne Nahrung und Wasser zu überleben – für einen Normalsterblichen der sichere Tod. Auch hört man immer wieder davon, daß Verschüttete nach einem Erdbeben, einem Minenunglück oder unter einer Lawine nach Tagen oder gar Wochen lebend gefunden wurden – und das, obwohl die Suchaktionen oft schon eingestellt waren, weil die Chance, Überlebende zu finden, nach menschlichem Ermessen aussichtslos war. Grenzüberschreitungen – immer wieder kommen solche Extremsituationen vor. Für die Menschen, die ihre eigenen Grenzen überschritten haben, bedeutet diese Erfahrung meist einen tiefen Einschnitt: Sie wissen dann, daß sie viel mehr können, als sie bisher glaubten. Sie haben ihre Angst besiegt, sie können sich selbst von nun an bedingungslos vertrauen. Insofern müßte jeder Mensch einmal eine Grenzüberschreitung selbst erfahren, um die Basis für ein angstfreies und glückliches Leben zu finden.

In unserem Seminar »Der erfolgreiche Weg« praktizierten wir unter diesem Aspekt das »Feuerlaufen« – eine Kunst, der zu unrecht vielfach der Ruf der Scharlatanerie vorauseilt. Wissenschaftler lieferten eifrig Beweise dafür, daß man sich an glühenden

Kohlen rein physikalisch keine Brandblasen holen könne, da die Oberflächentemperatur relativ gering sei. Wer sich einmal an einer glühenden Kohle die Füße verbrannt hat, wird es besser wissen.

Das Feuerlaufen wurde schon in der Bibel als eine Form der seelischen Reinigung gepriesen. Es ist fast so alt wie der uralte Traum der Menschheit, die Macht des Feuers zu besiegen. Allein mit der Kraft des Glaubens trägt der Geist einen Sieg über die Körperfunktionen davon. Von einem »einmaligen, prägenden Erlebnis« wurde berichtet, von einem berauschenden Gefühl, das Ängste und Sorgen aufgelöst habe, von einem neuempfundenen tiefen Glauben an die eigenen ungeahnten Fähigkeiten und Kräfte.

Mit einem Barfußlauf über bis zu 900 Grad heißen Kohlen kann jeder Mensch mit Hilfe seiner Vorstellungskraft physikalische Gesetze außer Kraft setzen. Der Geist hat Macht über die Materie! Eine überwältigende Vorstellung. Wer einmal unbeschadet über glühende Kohlen gelaufen ist, weiß, daß er alles kann, wenn er davon überzeugt ist.

*Ich kann, was ich will.*

Wie ist Feuerlaufen ohne Verbrennungen möglich? Warum entstehen dabei nicht zumindest Brandblasen an den Fußsohlen? –

Feuerlaufen beruht auf Imagination – der Kraft der Vorstellung. Vor dem Lauf wird die Vorstellung vermittelt, über kühles, frisches Moos zu laufen. Im Unterbewußtsein verankert sich diese Vision so tief, bis man glaubt, das Moos sehen und riechen zu können. Mit positiven Suggestionen wie »Meine Füße bleiben heil und gesund« wird das Nervensystem beeinflußt. Schmerz und Hitze werden weder physisch noch psychisch wahrgenommen, regelrecht »abgestellt«. Ohne Medikamente oder andere Hilfsmittel wird das Gehirn mental umprogrammiert, aus negativen Erfahrungen mit dem Feuer werden schließlich positive.

Bei den Feuerlauf-Übungen in Königstein haben sich die Teilnehmer bei diesen Versuchen an den Händen gefaßt und sich gegenseitig mit der Suggestion »Du schaffst es!« zusätzlich Kraft und Mut zugesprochen. Der gemeinsame Lauf über den glühenden Kohleteppich war dadurch auch immer ein erhebendes Gemeinschaftsgefühl: *Wir* haben es geschafft, jeder einzelne für sich und alle gemeinsam Hand in Hand.

Die durch den Feuerlauf vermittelte Erfahrung macht deutlich, daß man mit Imagination und Autosuggestion unendlich viel erreichen kann, daß die äußeren Grenzen überwunden werden können. – Das Prinzip »Ich kann, was ich will« wird für jedermann zum hautnahen Miterleben erfolgreich in die Tat umgesetzt. Der Geist hat Macht über den Körper, ist in der Lage, überschäumende Kräfte und Energien zu aktivieren. Durch Feuerlaufen wird eindeutig bewiesen, daß die Grundtechniken des mentalen Trainings funktionieren.

Noch nie hat sich ein Teilnehmer die Füße verbrannt. Um so überzeugender ist, daß jemand außerhalb des Feuerteppichs – als er bereits einen erfolgreichen Feuerlauf hinter sich hatte und unvorbereitet und ohne die notwendige Imagination mit einem glühenden Stück Kohle in Berührung kam – sich eine Brandblase zuzog.

Es kann vorkommen, daß die Zuschauer sich nicht einmal in unmittelbarer Nähe des Feuers aufhalten können, weil die Hitze fast unerträglich ist, während die Läufer selbst das Gefühl haben, über kühles Moos zu schreiten. Was wiederum beweist: der Vorgang funktioniert mit einem Höchstmaß an Entspannung und Konzentration. Im »Normalzustand« – dem Beta-Zustand – ist Feuerlaufen äußerst schmerzhaft!

Die Teilnehmer stehen während des Vorgangs nicht unter Hypnose. Sie befinden sich vielmehr im »Alpha-Zustand« – ein Zustand tiefer Entspannung, in dem zugleich ein Höchstmaß an Konzentration möglich ist.

Durch mentales Training kann sich jeder in den entspannten Alpha-Zustand versetzen und über sich hinauswachsen. Sportler, die konsequent mentales Training praktizieren, können sich vor großen sportlichen Herausforderungen spontan in den Alpha-Zustand versetzen und dann die Grenzen ihrer physischen Leistungsfähigkeit überschreiten. Es gibt bis heute keine wissenschaftliche Erklärung für dieses Phänomen.

## Überwältigende Erfahrung

Ein gelungener Feuerlauf – und bei richtiger Vorbereitung funktioniert es – ist für jeden eine euphorische Erfahrung. Jetzt ist man überzeugt davon, daß die Kraft des Glaubens Unmögliches vollbringen kann, daß man voller Vertrauen in sich selbst mutig sein Leben in die eigene Hand nehmen kann. Feuerlaufen hat eine »reinigende« Wirkung: Ängste und Selbstzweifel werden beseitigt, das Selbstvertrauen gestärkt; aus Angst wird Mut.

Wer daran glaubt, kann das Wissen um seine unbewußten Kräfte einsetzen für seine persönlichen Lebensziele. Denn wer im Leben vorwärtskommen will, darf sich nicht aufhalten lassen – sei es von glühenden Kohlen oder von beliebigen Hindernissen, die uns blockieren.

*In der Überwindung der Angst*
*liegt der Grundstein für Erfolg im Leben.*
*Auch in Ihrem Leben!*